## Nur ein paar Stündchen

*Nix wie raus, ganz schnell ins Grüne. Auch mit wenig Zeit lässt sich Großartiges erleben. Kleine und große Abenteuer warten direkt vor der Haustür.*

**4H**

## Raus für einen Tag

*Man muss nicht das Land verlassen, um neue Welten zu entdecken. Einfach mal einen Tag lang raus aus dem Alltagsallerlei und rein in die Natur.*

**12H**

## Ferien für ein Wochenende

*Warum auf die große Auszeit warten, wenn man einen Wochenendtrip ins nahe Umland machen kann? Vergnügen, Abenteuer und Wohlgefühl kompakt und intensiv.*

**36H**

# LIEBE LESERIN,
# LIEBER LESER,

Sie gibt sich sanft und ungestüm. Ist uns vertraut und voller Überraschungen. Sie zeigt sich heute abweisend und fordert morgen zum Wellenspiel heraus. Sie ist eben das jüngste Meer der Welt, erdgeschichtlich ein Meermädchen noch. Wankelmütig und bezaubernd.

Die Ostsee lockt mit Stränden, Steilküsten, Förden, Halbinseln und wunderschönem Hinterland. Allein in Schleswig-Holstein wollen 637 Kilometer Küstenlinie erlebt werden – ob von Bord eines Dampfers, beim stillen Betrachten des Sonnenuntergangs oder während einer langen Wanderung – Seeluft macht glücklich.

Viele wunderbare Eskapaden wünschen

**AUSZEIT.**
  **ABENTEUER.**
**LEBENSFREUDE.**

# 1. KAPITEL
# ABSTECHER

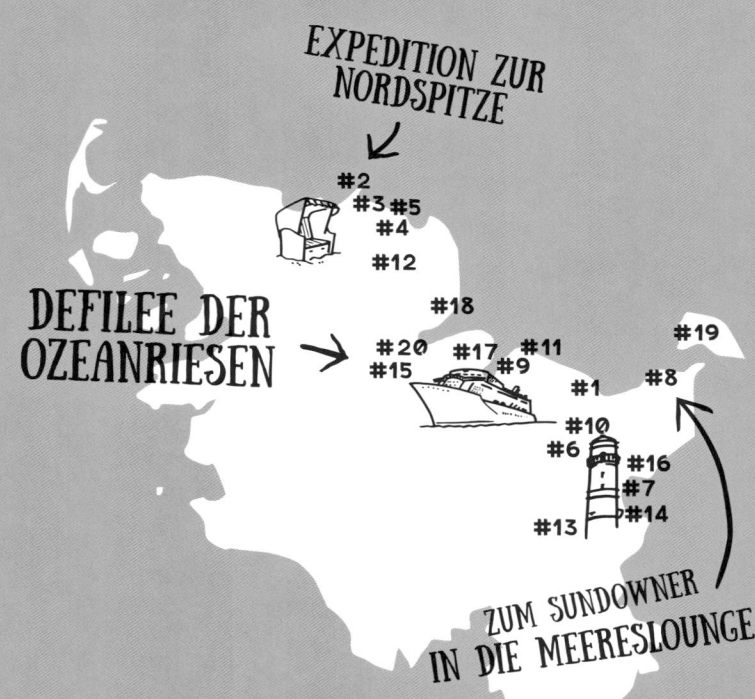

EXPEDITION ZUR
NORDSPITZE

#2
#3 #5
#4
#12

#18

DEFILEE DER
OZEANRIESEN →

#20 #17 #11 #19
#15 #9 #8
#1

#10
#6 #16
#7
#13 #14

ZUM SUNDOWNER
IN DIE MEERESLOUNGE

## Nur ein paar Stündchen

*In die Fluten stürzen und höchste Gipfel stürmen, dem Schietwetter trotzen und der Sonne entgegen laufen – kleine Auszeiten gehen immer.*

**4H**

# DA BIST DU JA ENDLICH!

 ... Frühlingserwachen am Sehlendorfer Binnensee

*Irgendwann, wenn's gut läuft im März, kehren die Farben in den Norden zurück. Dann leuchtet die Ostsee bei Hohwacht opalblau und die Strände sind perfekte Sandsicheln, weiß wie der Mond. Ein beliebter Wanderweg führt am Rand des Naturschutzgebietes zur Platenbucht am Sehlendorfer Strand.*

Durch den Broeck strömt salziges Meerwasser in den Sehlendorfer Binnensee. So bildeten sich Salzwiesen, Brackwasser-Röhrichte und andere botanische Besonderheiten heraus.

Das Auto am zentralen Parkplatz abgestellt, den Schal um den Hals gewickelt und ab auf die Strandpromenade von Hohwacht. Es geht in südöstliche Richtung, der Sonne entgegen, sobald sie ihr erstes Stelldichein gibt.

Bis weit in den Frühling sind Bäume und Büsche an der Steilküste noch vollkommen kahl. Der Lenz kündigt sich hier oben ja nie mit sanftem, grünem Schleier an. Er ist mehr wie das heißgeliebte schwarze Schaf der Familie, das seinen Besuch immer wieder verschiebt. Und gerade wenn man tendenziell etwas sauer wird, die Hoffnung vielleicht sogar schon aufgegeben hat, springt er aus dem Gebüsch und brüllt einem mit mindestens 10 000 Phon »Über-rasch-ung« ins Ohr – diabolisch grinsend wie Peter Pan. Und dann ist alles sofort verziehen.

Gleich hinter der Seebrücke von Alt-Hohwacht führt der Tivoli-Wanderweg in das Naturschutzgebiet Sehlendorfer Binnensee. Der Wasserlauf Broeck verbindet die Lagune mit

Eiskalte Ostseeluft macht hungrig. Gut, dass gleich bei der Seebrücke von Alt-Hohwacht der Steckrübeneintopf schon köchelt.

dem Meer. An der weitgehend eingedeichten Küste Schleswig-Holsteins ist sie eine der letzten größtenteils intakten Ostseelagunen.

Daher sind Salzwiesen und Dünenlandschaft weitflächig für Pflanzen, Vögel und Amphibien reserviert. Zwei Aussichtplattformen mit Infotafeln machen sie erlebbar. Vögel auf den natürlichen Brutinseln und -flößen beobachten, geht hier aber nur mit Fernglas.

Der offizielle Weg endet nach guten fünf Kilometern an der Platenbucht in Sehlendorf. Er ließe sich durchaus ewig verlängern; mindestens bis zum Weißenhäuser Strand. Wichtig ist nur, rechtzeitig die Kurve zu kriegen, damit man noch bei Sonnenschein den Rückweg antreten kann. Liegt der Strand erst wieder im Schatten, kann es empfindlich kalt werden.

Denn das ist das Schreckliche am norddeutschen Frühling: Genauso plötzlich wie er hereinbricht, zieht er sich auch wieder zurück. Verschwindet für Tage, manchmal Wochen. Bis er sich irgendwann im Mai endgültig einrichtet, bleibt nur eines: alles stehen und liegen lassen, sobald er sich blicken lässt, und den Moment genießen.

Tipp: Von innen warm wird einem im Alt-Hohwachter Fisch Gourmet. Das Bistro an der Seebrücke lockt von November bis März am Wochenende zwischen 11 und 17 Uhr verfrorene Spaziergänger mit Glühwein an. Empfehlenswert ist die Fischsuppe – aber auch Holsteiner Spezialitäten, wie Steckrübeneintopf, machen ungeheuer zufrieden (www.facebook.com/melanieschlouns.de).

**FAZIT: FEINER SPAZIERGANG ZWISCHEN STRANDSEE UND OSTSEE, AM ANFANG WIE AM ENDE EINKEHRMÖGLICHKEITEN – ODER ANDERS GESAGT: PERFEKT FÜR DEN ERSTEN FRÜHLINGSHAUCH.**

**Hin & Weg:** An der Hohwachter Ortseinfahrt links halten zum ausgeschilderten Großparkplatz am Strand.

**Beste Zeit:** November–April.

**Dauer & Strecke:** 2 Std. und etwa 10 km zu Fuß.

**Ausrüstung:** Fernglas zur Vogelbeobachtung, im Sommer: Badesachen.

# ROMAN-TISCH UNTERWEGS

> ... auf dem Theodor-Fontane-Wanderweg

**#2**

*20 Kilometer nördlich von Flensburg streckt sich die Halbinsel Holnis in die Förde wie eine vorwitzige Himmelfahrtsnase. So wird ein Rundweg möglich, der meistenteils am Strand entlangführt. Auf dem Theodor-Fontane-Weg locken großartige Ausblicke auf Außenförde, Innenförde und Dänemark.*

Selbst an freundlichen Tagen kann die Umrundung der gestreckten Halbinsel Holnis auf bestimmten Abschnitten eiskalten Wind von vorn bedeuten. Andererseits: Die Elemente spüren, das ist ja gerade das Schöne auf dem Theodor-Fontane-Wanderweg. Aus dramaturgischen Gründen bietet sich an, am Strand von Drei zu starten und gegen den Uhrzeigersinn zu wandern. Dann sind die deutlichsten Zeichen der Zivilisation (Campingplatz) bald Geschichte und die Natur darf immer mehr Raum einnehmen. Wind, Wetter und Wellen haben die Landschaft wunderbar geformt. Etwa die kleine Landzunge, die den nördlichsten Punkt der deutschen Ostseeküste markiert. Oder den folgenden Nordstrand, wo der Blick vom Seemannsgrab auf die Doppeltürme der Kirche von Broager erfreut. Hier rückt Holnis

dem dänischen Festland bis auf 1700 Meter auf die Pelle. Seevögel brauchen mehr Platz. In der Nähe wichtiger Brut- und Rastgebiete herrscht Betretungsverbot. Wanderer werden auf idyllische Heckenwege umgeleitet. Es geht durch hügelige Wiesen, auf denen Highland-Rinder grasen. Beim Holnis-Kliff zeugen Abbrü-

---

**Hin & Weg:** Parken ist in Drei im Sommer ein Problem oder kostenpflichtig, außerhalb der Saison findet sich meist Platz direkt am Wendehammer beim Strand. Gar keinen Stress haben Busfahrer der Linie 21 ab Flensburg oder Glücksburg (Haltestelle Drei).

**Beste Zeit:** Außerhalb der Sommerferien eigentlich immer.

**Dauer & Strecke:** 2–3 Std. und 10 km zu Fuß.

**Ausrüstung:** Vernünftige Schuhe wären nicht schlecht; im Sommer: Badesachen.

---

Wie man unwegsames Gelände und Wiesen in Schuss hält, haben die Rinder in den schottischen Highlands gelernt.

che, herabgestürzte Bäume und Findlinge am Meeressaum von der gewaltigen Kraft, die die Ostsee entwickeln kann. Auch wenn sie immer so unschuldig tut. Unterhalb der Steilküste glitzert das Kleine Noor, eine urwüchsige ehemalige Bucht, von der Förde durch eine Nehrung getrennt. Egal, ob man nun auf direktem Weg zurück zum Ausgangspunkt in Drei abzweigt oder noch weiter nach Schausende wandert: man hat Theodor Fontane etwas voraus. Zwar

verewigte er Holnis in seinem Roman »Unwiederbringlich« – aber gesehen hat er die Halbinsel nur von der Wasserseite aus.

**FAZIT: DIE WANDERUNG ENTFALTET IHREN VOLLEN ZAUBER, WENN NICHT ZU VIELE AUSFLÜGLER UNTERWEGS SIND. BEI »SCHLECHTEM« WETTER WIRKT HOLNIS WIE SKANDINAVIEN EN MINIATURE.**

# WAS VON JOHANNS TRÄUMEN ÜBRIG BLIEB

⟩ … Atempause in Neukirchen ⟨

*Naturstrände bedeuten oft nur einen schmalen Sandstreifen, dafür aber jede Menge Steine, Miesmuscheln und Algenteppiche. Das entspricht nicht jedermanns Traumbild der Ostsee. Dabei sind unberührte Naturstrände wie gemacht für Entdeckerspaziergänge. Oder stille Momente mit Blick aufs Meer.*

Neukirchen. Nur mal so als Beispiel. Man könnte auch etliche andere Orte in Schleswig-Holstein wählen, um sein Herz an Naturstände zu verlieren. Aber nehmen wir einfach mal Neukirchen in der Region Angeln; gelegen im Dreieck von Kappeln, Schleswig und Flensburg. Etwa dort, wo die Flensburger Förde in die offene Ostsee übergeht und Herzog Johann der Jüngere 1618 in der »Wildnis am Strande« einen Handelsplatz in Konkurrenz zu Flensburg errichten wollte.

Von seinen Ambitionen erzählt heute nur noch eine weißverputzte Kirche, die in genau dem Look auch in Dänemark stehen könnte. Sie tut es im Grunde auch. Ein Pendant, errichtet nach den gleichen Bauplänen, befindet sich gegenüber auf der dänischen Insel Kaegnes. Vom Kirchhof windet sich eine Holztreppe die

Steilküste hinunter. Wo ein Kreuz den Trauplatz markiert, möchte man ja ewig stehen und der Stille lauschen. Dem ganz leisen Wellenschlag der Ostsee. Dem »Qui-qui-qui« der Austernfischer. Dem Rauschen des Windes in den Bäumen, die hier bis dicht ans Ufer wachsen.

Genauso mag man aber auch wissen, was hinter der nächsten Böschung liegt, will über Seegraskissen spazieren und Findlinge überwinden. Bis nach einem herrlich unwegsamen Kilometer der alte Anleger von Neukirchen erreicht ist. Weit ziehen sich die massiven Holzpfähle ins Wasser hinein. Butterfahrten nach Dänemark weckten das Dorf – ganze 360 Jahre nach Herzog Johanns Bemühen – erneut aus dem Dornröschenschlaf und sorgten für einen kurzen Aufschwung. Doch mit Ende der Zollfreiheit ist der Anleger

Steile Treppen führen hinunter an den Strand, etwa zum Trauplatz von Neukirchen-Quern oder dem alten Schiffsan-leger, der sich weit in die Ostsee hineinzieht.

1999 nutzlos geworden. Aber was heißt schon nutzlos? Wer die typische Ostseeluft einatmet, die eben nicht nach Sonnencreme riecht, sondern leicht fischig, nach Salz und Tang, fragt sich unweigerlich, warum manche Menschen meinen, Strände sollten breit und weiß sein. Besonders wenn man bis eben noch selbst dieser Meinung war.

> **FAZIT: SELBST IN DER HOCHSAISON FIN-DET MAN AN DEN TRAUMSCHÖNEN NATUR-STRÄNDEN ANGELNS RUHE. MIT GEEIGNETEM SCHUHWERK LASSEN SICH SPAZIERGÄNGE ENDLOS AUSDEHNEN.**

**Hin & Weg:** Die Kirche liegt etwas außerhalb des Dorfes, dort gibt's auch einige Parkplätze.

**Beste Zeit:** Ganzjährig.

**Dauer:** Eine Weile ...

**Ausrüstung:** Gummistiefel, im Sommer Badezeug.

# SCHIET-WETTER-WARNUNG

... Angrillen in Wackerballig

*Vakr bedeutet im Altnordischen »achtsam«
und hat in allen skandinavischen Sprachen
seine Spuren hinterlassen. In Deutschland nur in Wackerballig. Der Ortsteil der
Gemeinde Gelting im Kreis Schleswig-
Flensburg glänzt besonders bei dramati-
scher Wetterlage.*

Angrillen in Schleswig-Holstein geht so: Man sucht sich den besten aller Grillplätze – selbstverständlich in Wassernähe. Zum Beispiel den in Steinbergholz am Ende der Klevelücke, direkt am Strand. Er bietet alles, was Grillmeister brauchen, nämlich Parkplatz, Sitzgelegenheiten, Toiletten und direkten Blick auf die dänische Insel Alsen. Dann geht man nicht einkaufen. Hütet sich insbesondere davor, Salate vorzubereiten oder Getränke kalt zu stellen. Denn selbst dem schönsten Frühlingstag ist im Norden nur insofern zu trauen, dass es mit 99-prozentiger Sicherheit regnen wird, wenn das erste Grillen des Jahres ansteht – und zwar egal, was die Wetter-App sagt. Kurz bevor die Geschäfte schließen, deinstalliert man angesichts dräuender Wolken das unnütze Tool und fährt zum Jachthafen von Wackerballig. Dort dürfen zwar nur

noch Segler grillen, seit Vandalen es zu oft und zu bunt trieben, aber wer will sich schon von denen den Spaß verderben lassen.

Der Steg der Marina ist immer ein Vergnügen, und je schlechter das Wetter, desto besser eigentlich, denn erst dramatische Wolkenformationen setzen die Kiter so richtig in Szene. Die fegen hier durch die Bucht wie einst das NDR-Fernsehballett durch Sonnabendabend-Shows.

***

**Hin & Weg:** Wackerballig liegt versteckt hinter Gelting, Parkplätze sind vorhanden.

**Beste Zeit:** Frühling–Herbst.

**Dauer:** 1 Abend.

**Ausrüstung:** Kamera – dieser Sonnenuntergang ist für die Ewigkeit; im Sommer Badesachen.

Bei Sonne ist die Dachterrasse des Wackerpulco ein Traum. Regenschauer lassen sich indoor im Bistro oder in der alten Leuchtturmkanzel (links) überbrücken.

Beim Gang über 200 Meter Planken ist das Bedauern über den vermasselten Grillabend schnell vergessen. Die alte Leuchtturmkanzel, die früher die Spitze von Kalkgrund zierte, ist heute einer der besten Plätze mit Aussicht auf die Geltinger Bucht. Ungeheuer geborgen lässt sich dort entscheiden, wessen Grillkünste man in Anspruch nehmen möchte. Das bessere Steak haut Dat Strandhus am Festland in die Pfanne (www.datstrandhuus.de). Der schönere Platz ist die Roof-Top-Terrasse (im 1. OG) des schwimmenden Bistros Wackerpulco (www.wackerpulco.de). Fisch lohnt sich hier wie dort. Und der Sonnenuntergang ist von beiden Locations ein Traum.

FAZIT: GRILLEN AM STRAND VON STEINBERGHOLZ ODER AUSWÄRTS ESSEN IM JACHTHAFEN VON WACKERBALLIG — WIE MAN´S MACHT, MACHT MAN´S RICHTIG IN DER GELTINGER BUCHT.

# DIE SPINNEN, DIE OSTSEE-FREUNDE

 ... Anbaden in Norgaardholz

**#5**

*Der Mai überrascht in manchen Jahren mit erstaunlich heißen Tagen. Dann ist es Zeit zum Anbaden. Zumindest in seichten Buchten, wo das Wasser sich schnell erwärmt. Etwa in der Seebadeanstalt Norgaardholz. Dort leuchtet die Ostsee an windstillen Tagen beinahe wie die Karibik. Fühlt sich allerdings anders an.*

Die Ruhe selbst: Angler beim Angeln in Angeln.

Blicke im Rücken spüren. Wie sie über solche Verrücktheit die Augen verdrehen. Aber es ist nun einmal so: Baden in der Ostsee ist eine Sache für sich. Im Grunde haben nur sehr junge Menschen (unter zehn), sehr Alte (über 80) und Wikinger keine weiteren Probleme damit. Für alle anderen bleibt es eine Frage von Todesmut.

Man darf es trotzdem nicht auf die allzu lange Bank schieben. Wartet man auf annehmbare Wassertemperaturen, kann man sich leicht daran gewöhnen, in der Sonne zu braten, ohne sich je ins Wasser zu wagen. Darüber mag in manchen Jahren der Sommer vergehen. Und das wäre ein Jammer. Denn ein Sommer ohne Baden ist wie ein Frühling ohne Mai.

Als Faustregel gilt daher: je früher man sich überwindet, desto besser. Am besten eben im Mai. Auch wenn es nur bis zu den Knien ist. Nach dem ersten Schock wird es besser. Versprochen.

Spätestens wenn man sich auf der Liegewiese von der Sonne trocknen lässt und an einem Heißgetränk nippt, kann man der Dame vom Kiosk der Seebadeanstalt nur beipflichten,

Sternhöh heißt die Straße, die sich durch hügelige Felder und Wiesen von der Gemeinde Steinbergkirche an die Ostsee schlängelt. Eine Handvoll Häuser, ein paar Kühe, Meerblicke bei jeder leichten Steigung, herrlich. Am Ende wird die Sternhöh zum Nordstern. Dort lockte früher ein Ausflugslokal, heute tun es ein friedlicher Campingplatz und eine Seebadeanstalt. So etwas gibt es gar nicht mehr so oft in Schleswig-Holstein. Schon gar nicht kurtaxenfrei.

Im Sommer bewacht die DLRG den Strand. Dann wird eine Badebrücke aufgestellt und etwas weiter draußen tanzt ein Ponton in der Dünung. Im Mai sitzen höchstens ein paar Angler auf umgedrehten Plastikeimern im Meer. Wer zwischen ihnen ins Wasser watet, kann ihre

**Hin & Weg:** Parkplätze gibt's direkt an der Seebadeanstalt.

**Beste Zeit:** Zu Beginn der Badesaison.
Mehr unter www.campingplatz-nordstern.de

**Dauer:** 1 Std.–1 Tag.

**Ausrüstung:** Badesachen.

Unbeschwerte Freiheit für Kinder (jeden Alters): Die Seebadeanstalt von Norgaardholz liegt gegenüber von Dänemark und weit genug von der Autobahn entfernt, um niemals aus allen Nähten zu platzen.

wenn sie sagt: »Für mich ist dies der schönste Platz der Welt. An klaren Tagen kann ich das Schloss von Sonderborg ganz deutlich erkennen. Und wenn erst die Gäste kommen, möchte ich mit niemandem meine Arbeit tauschen.« Sie lächelt. Wie schön, denkt man da. Lehnt sich im Plastikstuhl zurück. Nimmt einen Schluck Filterkaffee. Und freut sich, dass es so etwas noch gibt.

> **FAZIT: KLEINER, RUHIGER BADESTRAND MIT LIEGEWIESE, SPIELPLATZ (SUPER SEIL-BAHN!), DUSCHEN, TOILETTEN, KIOSK UND GASTSTÄTTE. KEIN EINTRITT, KEINE PARK-PLATZGEBÜHR. FÜR KINDER, ERWACHSENE UND HUNDE EIN PARADIES.**

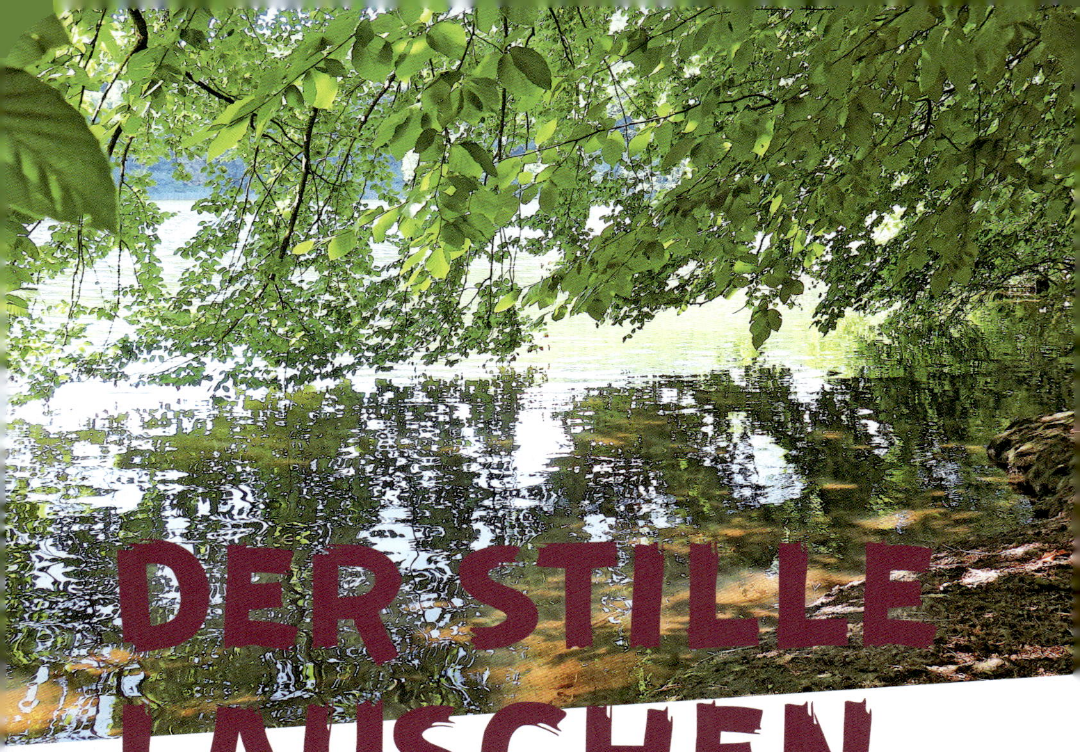

# DER STILLE LAUSCHEN

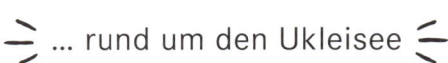

... rund um den Ukleisee

## #6

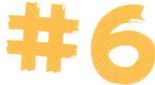

*Einer Sage nach sollen bei stillem Wetter gegen Abend die Glocken einer versunkenen Kapelle über dem Ukleisee zu hören sein. Ob es stimmt und welch betrübliche Geschichte dahintersteckt, kann nur wissen, wer einmal um den zauberhaften Toteissee in Sielbeck spaziert ist.*



#HolsteinischeSchweiz #stillesSeevergnüngen #sagenhaft #einmalrundrum

Vom strahlendhellen Kellersee ist es nur ein Katzensprung zum verträumten Ukleisee.

Kellersee - Fahrt

Göttlich, nannte Wilhelm von Humboldt die Lage des Eutiner Jagdschlösschens im Ortsteil Sielbeck. Und göttlich ist sie geblieben, die bewaldete Landzunge zwischen Ukleisee und Kellersee. Am Westufer des Kellersees thronte früher das Hotel Holsteinische Schweiz, das der Region den Namen schenkte – und den Fremdenverkehr.

Ins kollektive Gedächtnis gelangte der Kellersee aber vor allem durch den Immenhof. Sein Soundtrack lässt bis heute die Herzen seiner Fans überlaufen: »Wisst ihr, wo auf der Welt, man von Sorgen gar nichts hält?« Es ist eine wundervolle Erkenntnis, dass der Kinderklassiker aus den 1950ern nicht im Geringsten geschönt war. Auch wenn man vom Fährhaus Uklei mit der roten Holzfassade, den Immenhof (eigentlich Gut Rothensande) nicht sehen kann, die Sonne glitzert auf dem Kellersee wirklich so hell, wie besungen. Und der herrlich altmodische Sielbecker Kiosk von 1923 ist immer ein Eis wert, bevor es die Anhöhe zum Hotel Uklei hinaufgeht. Dort wechselt die Stimmung ins beinahe Melancholische. Seit einigen Jahren logieren im ehemaligen Traditionshaus nur noch Gespenster. Gleich dahinter, verborgen in dichtem Buchenwald, thront das Jagdschlössen über dem Ukleisee. In den Sommermonaten kann es besichtigt werden

– jedoch gibt es nicht viel zu bestaunen in dem kleinen Lusthaus. Es war nie für längere Aufenthalte eingerichtet, sondern diente immer nur der Unterhaltung. Dafür ist der Blick auf den tiefliegenden See umso idyllischer. Mit seinen dicht bewaldeten Hängen liegt der Ukleisee nur wenige Stunden am Tag in der Sonne und wirkt wie abgeschirmt von der realen Welt. Eine Treppe führt hinunter auf den Uferweg. An ihrem Fuß findet sich die Sage auf einer Tafel geschrieben. Romantische Seelen können sich auf dem etwa drei Kilometer langen Rundweg gut vorstellen, dass sie mindestens ein Körnchen Wahrheit enthält.

Aus dem Naturwald hat sich der Mensch zurückgezogen. Baumriesen liegen, wo sie gefallen sind. Seerosen blühen in kleinen Buchten.

Alle Prozesse laufen ungestört ab. Zurück am Ausgangspunkt sitzt man gern noch eine Weile auf dem weiß gestrichenen Aussichtsbalkon und genießt die Abgeschiedenheit. Wer genau hinhört, hört vielleicht die Glocken der im See versunkenen Kapelle läuten. Und wenn nicht, hört man etwas noch viel Besseres: vollkommene Stille.

**Hin & Weg:** Parkplätze gibt's oben beim Jagdschlösschen; schöner ist es aber, unten beim Fährhaus Uklei zu starten, um vom Anleger aus zunächst den Kellersee zu bestaunen.

**Beste Zeit:** Sommer oder bei Schnee und Eis.

**Dauer & Strecke:** 1 Std. und 3 km zu Fuß.

**Ausrüstung:** Nichts. Und wenn doch: Das Smartphone bitte auf lautlos stellen …

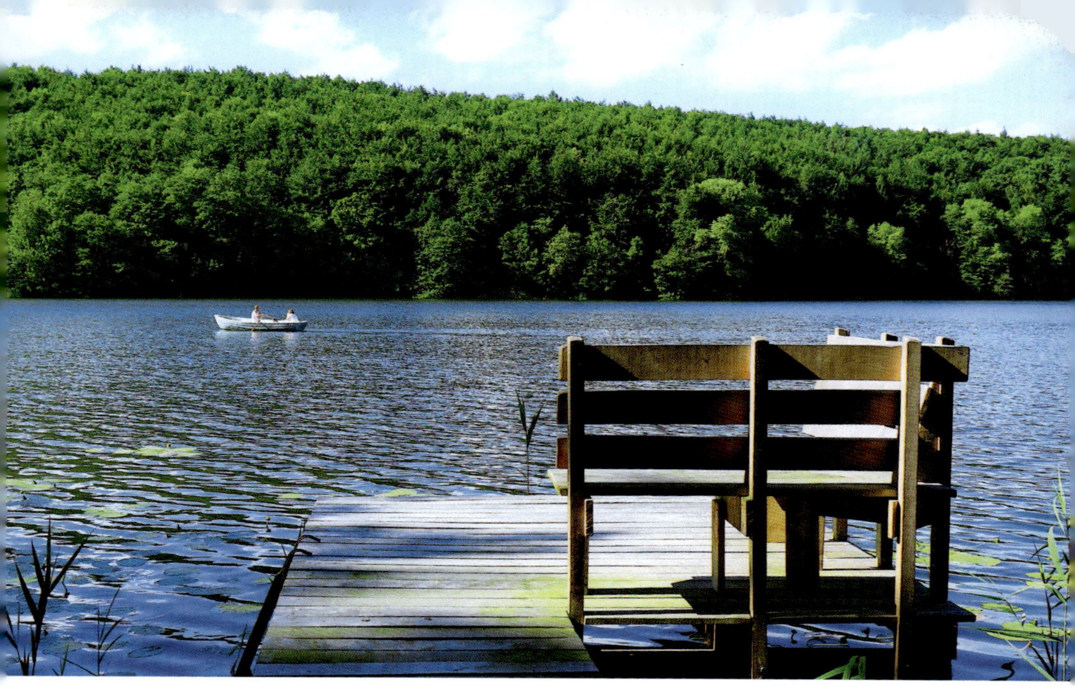

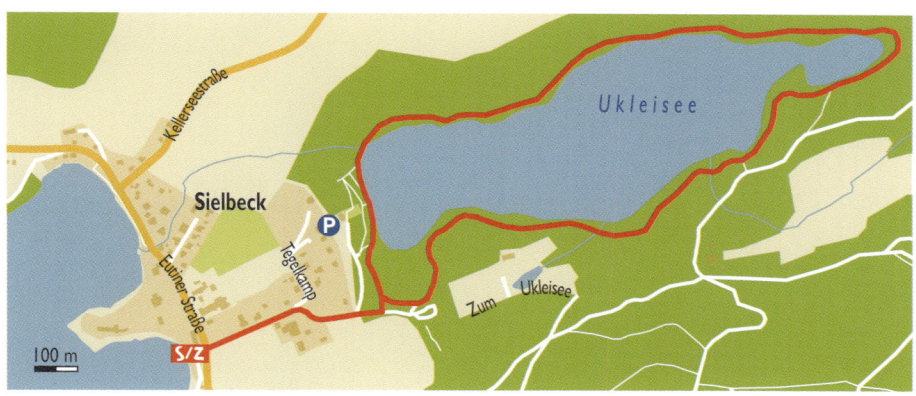

Der Gartentheoretiker Hirschfeld schwärmte bereits 1780 von Ruhe und Ergötzung am Ukleisee. Schon damals spazierte man am Ufer, unterhielt sich, angelte oder stieg in kleine Boote. Und so ist es bis heute.

Tipp: Eine Wanderung um den Ukleisee kann gut mit einem Ausflug in eine der nahe liegenden Städte Plön, Malente oder Eutin kombiniert werden.

**FAZIT: HÖCHST ROMANTISCH, BEINAHE MELANCHOLISCH.**

# DER GUTE ALTE BEACH- BALL-TRICK

 ... am Sportstrand Scharbeutz

 #7

*Die Themenstrände in Scharbeutz gehören zu den beliebtesten in der Lübecker Bucht. Einzelne Abschnitte sind ganz für spezielle Zielgruppen reserviert, etwa Kinder, Theaterliebhaber, Wellness-Fans oder sehr verfrorene Menschen. Die müssen nämlich einen Trick anwenden, um sich in die Ostsee zu trauen.*

Selbst beim Baden gilt in Schleswig-Holstein: erst die Arbeit, dann das Vergnügen.

entspannt ins kühle Nass gelangen. Schläger und Ball sind in so gut wie jedem Kiosk oder Andenkenladen für wenige Euro erhältlich. Im Idealfall wird in einer sanft abfallenden, steinlosen Bucht trainiert, wie etwa am Sport- und Grillstrand in Scharbeutz. Am Strandabschnitt 5, kurz hinter der Ostseetherme, stehen keine Strandkörbe im Weg und niemand muss fürchten, dass böse Blicke über Sonnenbrillenränder geworfen werden, falls man mal etwas lauter lacht. Oder gar kreischt. Ruhesuchende sind im Sommer ohnehin falsch in Scharbeutz. Es ist einer der vollsten Strände überhaupt und daher nur Freunden von Jubel und Trubel zu empfehlen. Oder Wasserratten beziehungsweise solchen, die es werden wollen.

Das Spiel beginnt am Ufersaum. Da, wo die Wellen die Füße nur ab und zu überspülen. Wer schon dadurch zur Eissäule erstarrt, sollte den Druck rausnehmen: nichts muss – alles kann, lautet die Devise.

Zunächst darf die Konzentration rein darauf gerichtet werden, einige anständige Ballwechsel hinzukommen. Anfänger staunen, wie schnell ihr Spiel raffinierter wird – und wie sehr man dabei ins Schwitzen gerät. Auf ein-

Eine gar nicht so kleine Gruppe liebt zwar den Norden, hält die eigene Betriebstemperatur aber für nicht eben ostseekompatibel. Sie verbringen lieber Tage und Tage auf dem Badelaken und benötigen zu ihrem Glück nichts als weichen Sand im Rücken, ein gutes Buch, den Blick aufs Meer und hin und wieder mal ein Eis. Bis irgendwann die Erkenntnis einschlägt wie der Blitz: Ich bin ja noch gar nicht im Wasser gewesen!

Dann ist es höchste Zeit für den guten alten Beachball-Trick. Nicht umsonst gehört das satte Klack-Klack-Klack von Hartgummi auf Holz zum norddeutschen Beachsound wie Grillzirpen zur Sommernacht. Der Strandklassiker stellt nämlich die einzige Möglichkeit dar, mit der auch »Frostkötel« vollkommen

**Hin & Weg:** Hier parkt man am Straßenrand vorm Strandeingang.

**Beste Zeit:** Von Mai (nur Profis) bis September (besonders Anfänger).

**Dauer:** Bis man sich ins Wasser traut: 15–20 Min. Wer im Wasser 5 Min. durchhält, will gar nicht mehr raus.

**Ausrüstung:** Beachball-Set.

Nicht ganz logisch aufgebaut, daher gut zu wissen: bei gelber Flagge wird's brenzlig für ungeübte Schwimmer, bei roter ist das Baden allen verboten. Gelb-rote Flaggen bedeuten, dass der Strand bewacht wird.

mal scheint die Ostsee gar nicht mehr so kalt, sondern angenehm kühl. Es ist ja ein Genuss, wie sie da die Knöchel umspielt.

Mit jedem schlecht platzierten Ball jagen sich die Kontrahenten ein wenig weiter ins Wasser hinein. Erst bis zu den Waden, dann bis zu den Knien, schließlich darüber hinaus. Und irgendwann kommt dieser Topspin angeschossen, der nur noch mit einem gewagten Hecht-

sprung zu retournieren ist. Und dann: splash. Es ist geschafft. Punkt. Satz und Sieg für den guten alten Beachball-Trick.

FAZIT: WER GERN BEACHSOCCER, -VOLLEYBALL ODER EBEN BEACHBALL SPIELT, IST HIER GENAU RICHTIG. DER SCHWENKGRILL KANN GEMIETET WERDEN (EINFACH UNTER 0172 41 20 10 1 ANRUFEN).

# LOGEN-PLATZ ÜBER DEM MEER

>= ... die Seebrücke von Heiligenhafen =<

**#8**

*In Schleswig-Holstein lautet die Frage aller Fragen: Ostsee oder Nordsee. Bei der Entscheidungsfindung sollte man Seebrücken ins Kalkül ziehen, die gibt es nämlich nur an der Ostsee – allen voran das Vorzeigeexemplar von Heiligenhafen. Die hölzerne Schönheit hält einige Über- raschungen bereit.*

*435 Meter ragt die Seebrücke in die Ostsee hinaus – und bietet jede Menge Überraschungen.*

Auf den ersten Blick wirkt die Seebrücke von Heiligenhafen gar nicht so spektakulär. Aber eben das ist ihre Stärke. Sie ist kein Fremdkörper. Sie fügt sich in die Landschaft ein. Dabei hat sie es architektonisch in sich. Sie verzweigt sich. Wechselt unvermutet die Richtung. Verläuft teilweise zweigeschossig. Und so verlaufen sich auch die Besucher in überraschenden Winkeln und Ecken und Balkonen.

In ihrem Ursprung überspannen Seebrücken die Küste bis zu dem Punkt im Wasser, der tief genug ist, dass Schiffe andocken können. Heute dienen die meisten eher dem Urlaubsvergnügen. Obwohl die Seebrücke von Heiligenhafen mit 435 Metern nicht zu den kleinen Kalibern zählt, reicht die Wassertiefe an ihrem Ende noch immer nicht für Schiffe.

Für den wagemutigen Sprung vom Badedeck allerdings schon. Ob man nur in die Fluten springt oder gleich in ein neues Leben, ist eine Frage von Alter und Wagemut. Auf der Erlebnisbrücke kann man nämlich auch heiraten. Wer's weniger aufregend will, besucht einen der offenen Yoga-Kurse oder meditiert mit Blick aufs Meer. Die Ostsee läuft seicht auf Heiligenhafen zu. Daher changiert das Meer hier auch in den herrlichsten Farben.

**Hin & Weg:** Auto am besten schon vor dem Damm zum Steinwarder parken.

**Beste Zeit:** Ganzjährig bei Sonne, Wolken und sogar Regen.

**Dauer:** ½–1 Std.

**Ausrüstung:** Je nach Wetter Badesachen oder Buch; Kamera lohnt sich immer.

Der Moment, bevor Du in eiskaltes Wasser klatschst.

Die Aussicht auf den Kleiderbügel, die markante Brücke über den Fehmarnsund, und den Graswarder ist phänomenal.

Auf den Liegen des Badedecks fühlt man sich wie an Bord eines Ozeanriesen. Und es ist doch wenig auf der Welt so wunderbar wie warme Sonne und ein Wind, der noch einen Tick Ostseekühle in sich trägt. Plus das Geräusch von Wellen, die gegen gewaltige Pfeiler klatschen.

In den Kinderspielbereichen blockieren Väter die Geräte, mit denen sich Meerwasser in die Höhe kurbeln, pumpen oder schöpfen lässt. Pfeift der Wind zu frisch, ist die rundherum verglaste Meereslounge das Richtige. Wenn nicht gerade eine Trauung oder eine Yogastunde stattfindet, mag man lange in den dick gepolsterten Sofas sitzen und die Wellen betrachten – oder ein sehr dickes Buch lesen. Bis es dunkel wird. Dann wird auf der Seebrücke die Beleuchtung angeknipst und das ist vielleicht der schönste Moment.

**FAZIT: ZICK-ZACK-SPAZIERGANG AUFS MEER HINAUS MIT ERLEBNISFAKTOR UND WUNDERSCHÖNEN AUSBLICKEN. IM SOMMER GIBT'S DRINKS UND MUSIK DIREKT AM STRAND LINKS DER BRÜCKE.**

→ ABSTECHER...

# DIE GRAU-BLAU-GRÜNE LAGUNE

... Neuland entdecken in Laboe

**#9**

*Seit 140 Jahren flanieren Badegäste auf der Strandpromenade von Laboe. Vor immerhin 90 Jahre wurde der Grundstein für das bekannte Marine-Ehrenmal gelegt. Und das fast ebenso beliebte U-Boot 995 hat auch schon 75 Jahre auf dem Buckel. Viel jünger ist die neueste Attraktion: eine Dünenlandschaft, wo zuvor nur Wasser war.*

Brandenten, Silber-, Sturm-, Lach- und Mantelmöwen, Austernfischer, Sandregenpfeifer, Säbelschnäbel, Zwerg- und Seeuferschwalben zählen zu den häufigsten Gästen der Lagune von Laboe.

Massen von Autos. Massen von Wohnmobilen. Massen von Reisebussen. Schon der Großparkplatz beweist, dass Laboe zum Pflichtprogramm eines Ostseeurlaubs gehört. Doch die Menge zerstreut sich schnell. Den Löwenanteil schluckt das an »Der Herr der Ringe« erinnernde, mordormäßige Marine-Ehrenmal. Andere reihen sich in die ewiglange Schlange vor dem U-Boot 995 ein oder bummeln auf der Strandpromenade vorbei an Restaurants, Andenkenläden und Fischbuden zum quirligen Hafen. So sind es gar nicht mehr sehr viele, die auf den Sandweg Richtung Norden einbiegen, der zum Naturerlebnisraum führt.

Die Dünenlandschaft unterhalb der Steilküste ist noch relativ jung. Bis vor 40 Jahren plätscherte hier die Kieler Förde an einen schmalen Sandstreifen. Wind und Wetter schufen

innerhalb weniger Jahrzehnte ein kleines Paradies, das sich auf sandigen Pfaden erkunden lässt. Informationstafeln öffnen die Augen für das Besondere an diesem neuentstandenen Land, das auf den ersten Blick unspektakulär wirkt. Sind Kinder mit von der Partie, lohnt ein Besuch in der kleinen Meeresbiologischen Station. Dort erfährt man, wie Seesterne Miesmuscheln knacken oder warum beide Augen der Scholle auf einer Seite sitzen. Der Strandsee, Brutgebiet für unzählige Seevögel, ist abgesperrt und lässt sich von der Steilküste nahe der Straße am besten einsehen.

Für den Rückweg dürfen die Schuhe ausgezogen werden, denn es geht über wundervolle Sandbänke. Das Wasser ist hier so seicht, dass es beim kleinsten Sonnenstrahl in allen Meerestönen leuchtet. Ein Anblick, den man

nicht so schnell vergisst. Und danach: a) hoch hinaus auf die Plattform des Marine-Ehrenmals, b) abtauchen in die klaustrophobische Enge des U-Boots 995 oder c) mitten hinein ins maritime Getümmel.

**FAZIT: EIN KLEINOD UNTER HOTSPOTS.**

**Hin & Weg:** Gar nicht lange rumärgern, sondern lieber gleich den kostenpflichtigen Parkplatz beim Marine-Ehrenmal nutzen.

**Beste Zeit:** Ganzjährig.

**Dauer & Strecke:** 1 Std. und 2–3 km zu Fuß, je nach Wegwahl.

**Ausrüstung:** Im Winter Gummistiefel. Im Sommer: Hosen, die sich hochkrempeln lassen – oder natürlich mal wieder: Badesachen.

# TOP OF SCHLESWIG-HOLSTEIN

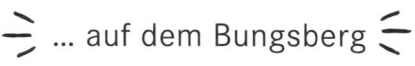

... auf dem Bungsberg

## #10

*Es heißt, Menschen bevorzugen entweder Berge oder die See. Doch es gibt ja auch noch diejenigen, die beides lieben. Die sind auf dem Bungsberg gut aufgehoben, Schleswig-Holsteins höchster Erhebung und Deutschlands einzigem Wintersport- gebiet, dessen offizielle Amtssprache plattdeutsch ist.*

Der Bungsberg ist ein echter Nunatak. Es meint in der »Sprache des Menschen«, dem Inuktitut, »aus Land gemacht«. Ansonsten erinnert hier nicht mehr viel an Gletscher und eisige Zeiten.

Aus einer ganz bestimmten Perspektive und bei ganz bestimmtem Licht gleicht die Landschaft für den Bruchteil von Sekunden doch tatsächlich Alpöhis Garten. Schon einen Wimpernschlag später scheint es wieder unbegreiflich, dass auf dem Bungsberg in kalten Wintern ein Schlepplift betrieben wird. Maximal 25 Sekunden dauert dann die Abfahrt. Denn ein Berg ist die höchste Erhebung Schleswig-Holsteins mit 168 Metern nicht wirklich. Gletscher schufen die eiszeitliche Endmoräne vor 150 000 Jahren.

Es waren tonnenschwere Eismassen aus Skandinavien, die 10 000 Jahre später ans Finetuning gingen. Die Kräfte des Eises zermalmten Gesteinsbrocken und Felsen, stapelten sie zu hohen Kuppen und gruben tiefe Senken. Der charakteristische Look der Holsteinischen

Schweiz lässt sich vom Fernmeldeturm gut überblicken. Ein Besuch der Aussichtsplattform in 40 Metern Höhe kostet nichts. Dafür existiert auch kein Fahrstuhl. Weit, weit, weit wandert der Blick über sanft geschwungene Wiesen, Wälder und Felder bis zur Ostsee.

Bei klarer Sicht ist das 40 Kilometer entfernte Marine-Ehrenmal von Laboe deutlich zu erkennen. Konzentriert sich das Auge auf die nähere Umgebung, treten die Wander- und

**Hin & Weg:** Parkplätze sind auf dem Gipfel ausreichend vorhanden.

**Beste Zeit:** Ganzjährig.

**Dauer & Strecke:** 1 Std. und 168 Höhenmeter.

**Ausrüstung:** Meistens nichts, ganz selten mal: Schlitten.

Radwege hervor, die sich aus allen Richtungen auf den Bungsberg ziehen. Der wundervolle Elisabethturm von 1863 und die neuen Gebäude auf der Bergkuppe wirken von der windumtosten Aussichtsplattform aus wie ein Kinderspiel. Und das stimmt in gewisser Weise auch.

Die Stiftung Erlebnis Bungsberg macht seine Besonderheiten mit waldpädagogischen Angeboten und verschiedenen Spielplätzen für die Jüngsten erlebbar. Größere Bergleute freuen sich über die Waldschänke und Kunstausstellungen im Stiftungsgebäude.

FAZIT: EIN TOLLER KONTRAST ZU STRANDTAGEN, ALS EXTRA-AUSFLUG ODER IM RAHMEN EINER WANDERUNG. ZWAR NUR ALLE JUBELJAHRE – ABER IMMERHIN – HEISST ES AUF DER HÖCHSTEN ERHEBUNG DES LANDES SOGAR: MEER-SCHNEE.

# IN ACHT MINUTEN FAST UM DIE WELT

... Skaten in Schönberg

**#11**

*Ostseeküste ist ja schön und gut, aber in Sozialen Netzwerken macht das irgendwie gar nichts her? Dann ist ein Abstecher in die Probstei angesagt. In Schönberg betrieben Fischer schon vor fast 300 Jahren Place Dropping – mag sogar sein, sie haben das Spiel mit exotischen Namen erfunden.*

Sonne im Gesicht, Wind in den Haaren und »The Girl from Ipanema« im Ohr. Die Stimmung der Skater am Strand von Brasilien könnte gar nicht besser sein. Kaum haben sie Maximaltempo erreicht, sind sie auch schon in Kalifornien angekommen. Selbstverständlich ist auch hier der Strand feinsandig, flachabfallend und das Wasser seicht.

Nicht umsonst ist Schönberg die beliebteste Urlaubsgemeinde im Kreis Plön. Besonders Familien fühlen sich an den kinderfreundlichen Stränden wohl.

Das ausgedehnte Deichvorland schützt nicht nur vor Verkehrslärm, sondern fungiert auch als endlose Spielwiese, auf der Eltern den Nachwuchs immer gut im Blick haben. So viel Deich ist ungewöhnlich für die Ostsee. Beim

Skaten auf der Krone oder auf dem breiten Asphaltweg zwischen Dünenbewuchs und Deichgrün kommt sogar fast Nordseefeeling auf. Doch bevor es so richtig losgeht auf der kilometerlangen Meerblickpiste, ist noch ein Exkurs zum Ortsschild zu absolvieren.

Dort, wo heute das Beach Hotel California steht, strandete 1735 eine amerikanische Schonerbark gleichen Namens. Ein Fischer

**Hin & Weg:** An allen Strandzugängen gibt's kostenpflichtige Parkplätze.

**Beste Zeit:** Ganzjährig, bei Sonnenschein.

**Dauer & Strecke:** 15–30 Min. und 1,5 km.

**Ausrüstung:** Skates (oder irgendwas anderes mit Rollen), Smartphone, Badesachen.

Der Sand fein und weiß, der Himmel blau wie das Meer. So stellt man sich Brasilien und Kalifornien vor. Nur die Fischbrötchendichte ist in Schönberg vermutlich höher als in Amerika.

fand die Holzplanke mit dem Schriftzug am Strand und nagelte sie an seine Hütte. Das erweckte Begehrlichkeiten bei einem Kollegen, der etwas weiter östlich lebte. Da gerade kein zweites Schiffswrack zur Hand war, pinselte der »Brasilien« auf ein Stück Brennholz, um seine Hütte zu schmücken. Die exotischen Namen bürgerten sich schnell zur Ortsbestimmung ein. Und da im Lauf der Jahre aus wenigen Hütten Siedlungen wurden,

können Urlauber heute ein Beweisfoto aus Kalifornien in die Welt hinausposten – zehn Minuten nachdem sie Liebesgrüße aus Brasilien verschickten.

> FAZIT: NUR MAL SCHNELL DIE SOCIAL-MEDIA-GEMEINDE VOR NEID ERBLASSEN LASSEN — UND DANN IN RUHE DIE DEICHKILOMETER ZWISCHEN SCHÖNBERGER STRAND UND HEID-KATE GENIESSEN, MIT UNZÄHLIGEN BADE- UND WASSERSPORTMÖGLICHKEITEN.

# EINFACH MAL INNE-HALTEN

>‹ ... auf dem Pilgerweg von Sieseby ‹<

**#12**

*Sieseby gilt als das schönste aller Schlei-dörfer. Seine reetgedeckten Fachwerkhäu-ser wurden im 19. Jahrhundert für Fischer und Tagelöhner der Herzogfamilie zu Schleswig-Holstein-Sonderburg-Gücksburg errichtet. Seit einigen Jahren sind sie selbst geadelt. Als erstes Flächendenkmal des Landes.*

»Manchmal muss man sich nur auf eine Bank am Ufer setzen.« So steht es auf einer unauffälligen Acryltafel am Ufer der Schlei. Sie gehört zu dem kleinen Pilgerweg rund um die schneeweiße Kirche von Sieseby. Sieben Stationen laden ein, die Kirchenanlage aus dem 13. Jahrhundert in aller Seelenruhe zu entdecken. Hastige Pilger brauchen nicht einmal eine Viertelstunde. Doch wer zu schnell ist, verpasst das Beste.

Nur im gemächlichen Tempo entfaltet sich der volle Zauber, bewegt man sich – jedenfalls für eine Weile – außerhalb von Raum und Zeit. Mit seinen weißgetünchten, reetgedeckten Katen und liebevoll gepflegten Gärten übertrumpft Sieseby locker jede Rosamunde-Pilcher-Kulisse. Hier scheint sich wenig zu verändert haben,

seit im 19. Jahrhundert ein Hamburger Investor das Dorf grundlegend aufmöbeln ließ und später an die Herzogfamilie von Schleswig-Holstein-Sonderburg-Glücksburg weiterverkaufte. Normalerweise nichts, was Schleswig-Holsteiner jubeln lässt.

Doch der Kaufmann Gustav Anton Schäffer, dessen Initialen noch heute einige Fassaden

---

**Hin & Weg:** Autos müssen draußen bleiben (am Parkplatz am Ortseingang).

**Beste Zeit:** März–November.

**Dauer & Strecke:** Maximal ½ Std. für einige hundert Meter Pilgerweg, aber man bleibt gern länger.

**Ausrüstung:** Im Sommer Badesachen.

---

Die Schwansener Seite der Schlei wird von zahlreichen Gütern geprägt. Drüben in Angeln lebten die Bauern seit jeher frei. In Sieseby mixt sich das Lebensgefühl beider Regionen.

schmücken, legte behutsam Hand an. Im Jahr 2000 wurde Sieseby als erstes Flächendenkmal Schleswig-Holsteins ausgewiesen. Es gibt keine modernen Gebäude im Ort und die schmalen Sandwege lassen nur wenig Autoverkehr zu. Die traumhafte Lage direkt an der Schlei macht das Märchen komplett. Auf dem erhöht liegenden Kirchhof treffen Pilger auf eine wunderschöne alte Lindenallee. Dort steht auf einer weiteren unauffälligen Acryl-

tafel geschrieben: »Manchmal muss man nur über einen Friedhof gehen, um das Wesentliche zu begreifen.«

FAZIT: KLEINSTE AUSZEIT. GRÖBTES WOHLBEHAGEN. ALLEIN DER GASTHOF ALT SIESEBY VON 1867 LOHNT DIE WEITESTE ANREISE. I-TÜPFELCHEN: WASSERRATTEN KÖNNEN VOM BOOTSANLEGER IN DIE SCHLEI HÜPFEN.

→ ABSTECHER...

# WO DER SEEADLER KREIST

⟩ ... Streifzug durch den Schellbruch ⟨

**#13**

Das Fischerdorf Gothmund gehört zu Lübeck, wirkt aber Lichtjahre entfernt. Die idyllische Siedlung besteht zum großen Teil aus Reetdachhäusern und grenzt an ein Naturschutzgebiet, in dem Wasser und Schilf die Hauptrollen spielen. Der Schellbruch ist ein Refugium für 200 Vogelarten.

#TreidelnanderTrave  #Birdwatching&Shipspotting  #Naturschutzgebiet

»Fischerhafen Gothmund. Besucher willkommen. Nutzen Sie bitte den Fischerweg«, steht auf dem Schild am Zaun eines wildwuchernden Gartens. Und das klingt doch gleich ganz anders als »Betreten der Hafenanlage verboten«. Auch wenn es aufs Gleiche hinausläuft.

Es gibt keine Promenade in Gothmund oder auch nur eine Kaimauer. Die Kutter der Fischer ankern direkt vor deren gepflegten Gärten, die bis an die Trave reichen. Trockneten da nicht Netze am Ufer und zeugten nicht Gerätschaften von echter Arbeit auf See, man könnte Gothmund mit einem Freilichtmuseum verwechseln.

Gothmund ist winzig und wunderschön. Viel zu schnell ist das Ende des Fischerweges erreicht. Gut, dass rechter Hand nun direkt ein Rundweg der Extraklasse anschließt. Er führt ins Naturschutzgebiet Schellbruch. Auf engstem Raum liegen hier Trave, Lagunen, Bäche, Schilfmeere, Wälder und Wiesen beieinander. Das wissen besonders Vögel zu schätzen. Sie legen auf ihren Zügen im Herbst in Scharen Rast im Schellbruch ein. Ein knapp fünf Kilometer langer und ausgeschilderter Weg erschließt das kleine Paradies.

Zunächst führt er entlang des alten Treidelpfads zwischen Trave und Lagunen hindurch. Während auf der einen Seite Segler, Kanuten und große Schiffe vorbeiziehen, dringt von der anderen Seite wildes Geschnatter ans Ohr. Klingt es besonders aufgeregt, mag es sein, dass ein Seeadler sich nähert. »Manchmal schnappt er sich kranke oder schwache Tiere«, wissen Eingeweihte. Glücklich, wer ein Fernglas dabei hat, um den majestätischen Vogel zu beobachten, wenn er hoch über den Pappeln kreist.

Hier ist es schön: das Fischerdorf Gothmund an der Trave ist leicht mit einem Freilichtmuseum zu verwechseln.

**Hin & Weg:** Eine Handvoll Parkplätze gibt's am Dorfeingang rechts. Gothmund eignet sich auch super für eine Radtour von Travemünde oder Lübeck aus; von dort ist die Fischersiedlung auch per Bus erreichbar (Linie 12).

**Beste Zeit:** Wenn's grünt und blüht.

**Dauer & Strecke:** 2 Std. und 5 km zu Fuß.

**Ausrüstung:** Fernglas.

→ ABSTECHER...

# AM ANFANG WAR DER FISCH

⋛ ... Hafenstopp in Niendorf ⋚

**#14**

*Einer der kleinsten Ostseehäfen liegt in Niendorf, einem Ortsteil vom hippen Timmendorfer Strand. Eingebettet zwischen kilometerlangen Sandstränden findet sich hier alles, was einen Hafen ausmacht: Bootsbau, Jacht-Clubs, Hafen-restaurants und eine Fischerflotte, die für die Hauptsache sorgt: frischen Fisch.*

In langen Sommernächten spielt die Musik im Niendorfer Hafen.

dorf in der Lübecker Bucht, wo an warmen Sommerabenden die Sonne im roten Meer versinkt und ein Straßenmusikant zum Klang der Gitarre fragt: »How many roads must a man go down?«

Mit solch gewichtigen Fragen hatte Napoleon nichts am Hut, als er auf den südwestlichsten Hafen an der Ostseeküste Schleswig-Holsteins einen scharfen Blick warf. Er wollte an der Mündung der Aalbek einen Kriegshafen errichten. Und auch im Zweiten Weltkrieg wäre Niendorf beinahe zum U-Boot-Stützpunkt verkommen. Aber schließlich schnackten ansässige Fischer das letzte Wort. Bis heute machen rund 20 Kutter in Niendorf fest und verkaufen ihren Fang direkt vom Netz in den kleinen Buden am Kai.

Mindestens einen Lieblingshafen braucht jeder. Um von der Ferne zu träumen, Fischer beim Ein- und Auslaufen zu bewundern, seine Jacht zu parken oder einen langen Strandtag friedlich ausklingen zu lassen. Etwa in Nien-

Wer sich lieber an den gedeckten Tisch setzt, nimmt am besten im rustikalen Ambiente der Hafen-Räucherei Klüvers Platz (www.kluevers. com). Was 1985 mit einem kleinen Laden begann, ist längst eine Institution geworden, mit

Nightswimming deserves a quiet night: Der stille Strand liegt nur einige Schritte vom Hafen entfernt.

Delikatessen-Manufaktur und eigenem Brauhaus. Die Karte spiegelt aber noch immer wider, worum es in einem Hafen gehen sollte: ganz einfach frischen Fisch.

Bei schönem Wetter kann es an den langen Tischen und Bänken recht voll werden, aber das gehört dazu. Wer will, setzt sich mitten rein in die Meute und lernt so mindestens seine Sitznachbarn kennen. Die Atmosphäre ist familiär und entspannt. Es hat aber auch niemand etwas dagegen, wenn man sich einen Stuhl schnappt, um irgendwo abseits am Wasser zu essen. Dort kann man dann seine Kompetenz in einer der wichtigsten Hafendisziplinen überhaupt erweitern: Backfisch auf den Knien balancieren, mit der einen Hand die Gabel zum Mund führen und mit der anderen Hand vorwitzige Möwen abwehren.

Tipp: Übers ganze Jahre werden regelmäßig Feste, Konzerte und andere Veranstaltungen ausgerichtet. Von Mai bis Oktober lockt am ersten Sonntag im Monat der Fischmarkt.

## FAZIT: NIEDLICH. NIEDLICHER. NIENDORF.

**Hin & Weg:** Direkt am Hafen werden Parkplätze schnell knapp – aber ein kleiner Spaziergang ist ja nichts Schlechtes. Von Timmendorf ZOB oder Travemünde Ostseebahnhof kommt man mit der Buslinie 40 hierher (Haltstelle Niendorf Hafen).

**Beste Zeit:** Ganzjährig. Ruhige Hafenromantik gibt's aber höchstens außerhalb der Saison und unter der Woche.

**Dauer:** Einen Sonnenuntergang lang.

**Ausrüstung:** Im Sommer Badesachen fürs Nightswimming nicht vergessen.

# BRAT-WURST MIT AUSBLICK

 ... Shipspotting in Sehestedt

Up ewig ungedeelt (für immer ungeteilt),
ist der Wahlspruch Schleswig-Holsteins.
Für die Bewohner von Sehestedt hat er
eine besondere Bedeutung. Die kleine
Gemeinde wurde beim Bau des Nord-
Ostsee-Kanals in zwei Teile zerschnitten.
Der ursprüngliche Ortskern und der alte
Friedhof liegen unter Wasser.

In den Ausflugslokalen am Nord-Ostsee-Kanal sitzen viele Besucher lieber Seite an Seite als einander gegenüber. Typischerweise kommt man hierher, um den Schiffsverkehr zu bestaunen. Und so wurde der Imbiss mit Panoramablick in Sehestedt gestaltet wie der 1. Rang im Theater (www.imbiss-sehestedt.de). Eine lange Stuhlreihe auf der erhöhten Terrasse ermöglicht beste Sicht auf Segler, Fähren, Frachter und Ozeanriesen. Die niedrige Mauer dient als Ablage für Kameras, Ferngläser und den obligatorischen »Pott« Kaffee. Der kann schon mal kalt werden, wenn ein majestätisches Traumschiff die volle Aufmerksamkeit beansprucht.

Mit maximal 15 Kilometern pro Stunde ziehen bis zu 100 große Schiffe pro Tag vorüber. Dass sie dann über den ursprünglichen Ortskern von Sehestedt gleiten, ist schwer vor-

stellbar. Begreifbar wird der hohe Preis, den die Sehestedter beim Kanalbau zahlten, im Haus der Geschichte im alten Pastorat.

Es lohnt sich, unterhalb des wunderschön restaurierten Gebäudes ein wenig auf dem idyllischen Kanalseitenweg ortsauswärts zu spazieren. Der Nord-Ostsee-Kanal wirkt mit seinen dicht bewachsenen Ufern gar nicht künstlich geschaffen, sondern ganz wie ein langer, ruhiger Fluss, fernab von Hektik und Autolärm.

Dabei war die Wasserstraße bei ihrer Einweihung 1895 eines der größten Verkehrsprojekte überhaupt. Es wurde in exakt den avisierten acht Jahren Bauzeit realisiert, die geplanten Kosten von 156 000 Goldmark wurden nicht überschritten. Eine Erfolgsstory. Bis heute. Noch immer ist die knapp 100 Kilometer lan-

Selbst zusammen genommen kommen Panama- und Suezkanal nicht auf die Schiffszahlen des Nord-Ostsee-Kanals. Trotzdem strömt er eine ganz eigene Ruhe aus. Vielleicht liegt es am Tempolimit von maximal 15 km/h.

ge Verbindung zwischen Nordsee und Ostsee der meistbefahrene Kanal der Welt. Und auch eine alte Verordnung aus der Kaiserzeit ist bis heute gültig: Die Überfahrt mit einer der insgesamt 14 Kanalfähren ist für Menschen und Fahrzeuge kostenlos. So können die Anwohner des südlichen Sehestedts rund um die Uhr an 365 Tagen im Jahr zum nördlichen Teil übersetzen. Vielleicht um eine Bratwurst mit Traumblick zu speisen.

Wer sein Essen lieber selbst zubereitet, findet im Markttreff neben dem Imbiss Obst und Gemüse vom Biohof, Grillgut aus der Landschlachterei und frisch Geräuchertes vom Kanalfischer. Es sind nur einige Schritte bis zum oberhalb liegenden Grillplatz, der ohne Anmeldung zwischen 9 und 21 Uhr genutzt werden darf. Hier kann man sich mit Spielgeräten, Fußballfeld, Basketballkörben und einer Boule-Bahn vergnügen, bis unten am Ufer die Laternen angeknipst werden und die beleuchteten Schiffe wie schwimmende Traumpaläste wirken.

Tipp: Die App »Kreuzfahrer im Norden« informiert über die Anlaufzeiten der großen Luxusliner.

**FAZIT: DIE BRATWURST MIT AUSBLICK GENIEßT MAN AM BESTEN UNTER DER WOCHE. AN SONN- UND FEIERTAGEN IST NÄMLICH SCHON MAL DIE HÖLLE LOS.**

**Hin & Weg:** ½ Std. Parken ist am Imbiss Sehestadt kostenfrei (ansonsten besser weiter weg parken).

**Beste Zeit:** Zur Kreuzfahrtsaison von April–Oktober.

**Dauer:** 1–3 Std., je nach Programm.

**Ausrüstung:** Kamera, Fernglas, evtl. Grillsachen.

# AB IN DEN SÜDEN

≥ ... Sonne tanken in Pelzerhaken ≤

**#16**

*»Herbst ist gekommen, Frühling ist weit – Gab es denn einmal selige Zeit?«, so dichtete Theodor Storm. Aber der lebte ja auch an der Nordsee. An der sanfteren Ostseeküste ist der Herbstbeginn kein Grund, den Kopf hängen zu lassen. Schon gar nicht in Pelzerhaken, wo die Sonne den ganzen Tag scheint.*

Die Augen schließen und das Gesicht der Sonne zuwenden. Noch einmal bewusst ihre Wärme spüren. Einer Hummel lauschen, die gemütlich durch die Luft brummelt. Das Meer riechen. Im Juli liefe das unter »nichts Besonderes«. Doch wenn die ersten Stürme übers Land gezogen sind, wenn es bereits stundenlang Bindfäden regnete und es manchmal von morgens bis abends nicht recht hell wurde und selbst bei Sonnenschein nur noch an geschützten Orten warm, dann ist eine Bank am Strand von Pelzerhaken wie Erdbeeren aus Nachbars Garten – mit Schlagsahne obendrauf.

Es ist der einzige Südstrand der Lübecker Bucht. Der einzige, an dem von früh bis spät die Sonne scheint. Ein Glücksfall für den Herbstbeginn. Ein Holzbohlenweg, der Dünensteg, schmiegt sich wie eine sanfte, lange Welle an den mit Sand-dorn bewachsenen Wall. Wenn der Himmel nicht mehr blau ins Auge knallt, sondern federweich die Bucht überspannt; wenn alle Strandkörbe abgeschlossen sind; wenn niemand mehr

*Gib uns noch zwei südlichere Tage: Selbst Sturmmöwen wissen, dass windstille, sonnige Stunden zwischen Sommerende und Herbstbeginn zu den schönsten Momenten überhaupt an der Ostsee gehören.*

ins Wasser steigt und die Spaziergänger Jacken tragen, lehrt das Sommerende, den Moment zu genießen. Da reicht ein kleiner Spaziergang am Leuchtturm vorbei, um mit dem Leben zufrieden zu sein. Hier liegen die Leute in der Saison dicht an dicht auf ihren Badelaken, bestimmen Surfer und Kiter das Bild. Wenn es aber beinahe windstill, beinahe Herbst ist, zieht selbst an sonnigen Tagen nur eine Möwe hoch am Himmel ihre Kreise. Ihre melancholischen Schreie übertönen den leichten Wellenschlag der Ostsee und versöhnen mit dem Sommerende.

Denn Ostseekenner wissen: solche Momente gibt es auch an goldenen Oktobertagen, nach Dezemberstürmen und selbst im glasklaren Februar. Alles was man braucht, ist ein Südstrand. Und ein geschützter Platz. Wie eine Bank auf dem Dünensteg von Pelzerhaken.

**FAZIT: ZU RISIKEN UND NEBENWIRKUNGEN DER DUNKLEN JAHRESZEIT IN SCHLESWIG-HOLSTEIN ARZT ODER APOTHEKER FRAGEN — ODER SONNE AUF DEM DÜNENSTEG IN PELZERHAKEN SPEICHERN.**

**Hin & Weg:** Am Surfstrand gibt's einen (ausgeschilderten) kostenpflichtigen Parkplatz. Quasi direkt dort, wo die Zufahrtsstraße endet.

**Beste Zeit:** Herbst–Frühling.

**Dauer:** 1–2 Std.

**Ausrüstung:** Sonnenbrille. Ab Mitte September gilt: pro Monat ein wärmendes Kleidungsstück mehr (bis März, dann umgekehrt).

# EINATMEN.
# AUSATMEN.

‐ … Stresstest in Strande ‐

## #17

Gleich hinter Schilksee, Kiels nördlichstem Stadtteil, liegt das Seebad Strande. Vom Hafen führt ein beliebter Promenadenweg zum Leuchtturm von Bülk. Je nachdem wo man sein Auto loswird, sind es drei bis vier Kilometer. Genau der richtige Weg für Tage, an denen alle anderen hinterm warmen Ofen sitzenbleiben.

Es riecht so gut an der nördlichen Kieler Förde. Nach Miesmuscheln und nach Seegras. In gewaltigen Ballen trocknet es am Strand von Strande. Manche Nasen mögen das nicht. Sie sagen, es stinke nach Fisch. Meeresfreunde atmen automatisch ganz tief ein. Weil das guttut. Flacher Atem ist ja Ursache für alle möglichen Beschwerden – von Übergewicht bis zu emotionaler Düsternis. Krankenkassen bieten daher Kurse im »richtigen« Atmen an. Yoga basiert auf dem gleichen Prinzip. Man kann aber auch einfach am Meer spazieren gehen. Zum Beispiel bis zum Bülker Leuchtturm, im Volksmund Hein Bülk genannt. Selbst wenn der Herbst einen von hinten überfallen hat und man gerade noch im Auto wie ein Schneider fror. So innerlich. Eigentlich sogar gerade dann. Frieren ist nämlich auch Stress, und das gibt sich auf dem kleinen Spazierweg am Fördeufer schon nach wenigen

Minuten. Besonders bei Schmuddelwetter, wenn die Natur wie ausgewaschen wirkt. Das schmeichelt dem Auge, gibt ihm eine Pause.

Was noch so toll am vermeintlich schlechten Wetter ist: jetzt ist die Promenade nicht überlaufen wie an schönen Tagen. Jetzt ist nichts als das Rauschen der Wellen zu hören – und ein Seevogel hin und wieder.

Stille ist überhaupt der größte Luxus. Lärm stresst selbst dann den Körper, wenn wir uns dessen gar nicht bewusst sind. Man kann sich an Flugzeuge, Autos und Blattstaubsauger nämlich gar nicht gewöhnen. Entgehen können die meisten Menschen dem Krach aber leider auch nicht immer. Ein Spaziergang am Meer wirkt daher wie Balsam für die Seele. Das sollte man ihr öfter gönnen.

Hein Bülk ist das Ziel. Der älteste Leuchtturm an der Kieler Förde ist bis heute in voller Funktion. Der Weg verläuft an der Wasserkante vom Seeband Strande zur Bülker Huk.

**FAZIT: DIESEN PROMENADENWEG DIREKT AM WASSER UND DURCH KLEINE ZAUBER-WÄLDCHEN WÜNSCHT MAN SICH LÄNGER, WEIL ER SO NIEDLICH IST. ABER MAN KANN EBEN NICHT ALLES HABEN, UND AUßERDEM PASST ER GUT ZWISCHEN ZWEI REGENGÜSSE.**

**Hin & Weg:** Einen Parkplatz finden, ist hier im Winter kein Problem – im Sommer ist die Anreise mit der Fähre ab Kiel die bessere Variante.

**Beste Zeit:** Wochentag im Herbst oder Winter. Montags sind Leuchtturm und Gastronomie geschlossen, mehr unter www.leuchtturm-buelk.de

**Dauer & Strecke:** Je nach Tempo ½–1½ Std. und 7 km zu Fuß (Hin- und Rückweg).

**Ausrüstung:** Badesachen oder Regenschutz. Je nachdem.

# DITSCHEN WIE DIE WELTMEISTER

 ... an den Steinstränden bei Waabs

Vom dänischen Svansö, Schwanensee, erhielt die Halbinsel Schwansen ihren Namen. Sie streckt sich von Eckernförde nach Kappeln und wird im Rücken von der Schlei abgegrenzt. Im Winter ist das eine ruhige Gegend. Im Sommer Austragungsort der Ditsch-WM.

Es ist nie zu früh, sich auf die nächste Weltmeisterschaft im Ditschen vorzubereiten. Zwar werden Zeit und Ort erst im Laufe des Jahres unter www.ditsch-wm.de angekündigt, aber eins steht fest: Irgendwann zwischen Juni und September werden in der Schlei-Region die Besten der Besten im Steinehüpfen nach den Pokalen greifen, wie schon in den Jahren zuvor.

Am besten lässt sich üben, wo die Weltmeister von 2016 und 2017 gekürt wurden – auf der Halbinsel Schwansen. Hier wechseln feine Sandstrände mit Steilküsten und steinigen Abschnitten – und eben dort findet man sie: die perfekten Ditschsteine. Schön flach müssen sie sein und idealerweise Ellipsenform aufweisen. Wer im Winter zwischen den Campingplätzen von Booknis, Hökholz oder Waabs auf die Suche geht, muss auch überhaupt keine

Angst haben, von der Konkurrenz ausgespäht zu werden. Steinstrände sind immer weniger frequentiert als ihre sandigen Kollegen.

Im Sommer, weil das Baden kompliziert scheint. Und im Winter, weil alle Campingplätze verwaist sind und passionierte Spaziergänger jetzt die Sandstrände aufsuchen, die ihnen vorher zu überlaufen waren.

Dabei sind Steinstrände großartig. In Ewigkeiten hat das Meer die Steine glatt und rund geschliffen. Die mit den schönsten Farben liegen immer am Ufersaum. Sie verlieren übrigens auf dem Fensterbrett zu Hause oder im Blumenbeet einen Teil ihres Zaubers. Es ist die Ostsee, die sie zu etwas Besonderem macht. Man kann die Findlinge also gleich dort lassen, wo sie hingehören. Und sich auf diese be-

Fürs Ditschtraining sollte die Ostsee spiegelglatt sein.

stimmte Ruhe einlassen, die nur Steinstrände ausströmen, gerade an windstillen Tagen. Der eigene Schritt klingt dann sehr laut. Und nie und nirgends fühlt sich Schleswig-Holstein nordischer an. Ditschen hingegen soll schon im antiken Griechenland eine Rolle gespielt haben. So gehört sich das ja auch für eine ernstzunehmende sportliche Disziplin.

Beim Ditschen geht es darum, einen Stein so zu werfen, dass er auf der Wasseroberfläche »aufditscht« – im besten Fall hüpft er 89-mal hintereinander, denn der Weltrekord liegt bei 88 Ditschern. Derartige Leistung kann nur durch intensives Training erreicht werden und einen leicht schrägen Stand, damit der Stein im Winkel von etwa 20 Grad auf die Wasseroberfläche trifft. Und wer beim Ditschen ins Schwitzen gerät, setzt sich einfach auf den nächsten Kawenzmann – und ruht aus.

Steinstrände sind Winterstrände.

**FAZIT: STEINSTRÄNDE SIND WINTERSTRÄNDE. DAS GEHEN IST ANFANGS EINEN TICK BESCHWERLICH. ABER WER DEN BOGEN RAUSHAT, BALANCIERT LEICHTFÜSSIG WIE EINE GEMSE ÜBER WACKERSTEINE, SODASS SELBST ANGLER SICH NICHT GESTÖRT FÜHLEN.**

**Hin & Weg:** Parkplätze finden sich bei den Campingplätzen von Booknis, Hökholz oder Klein Waabs.

**Beste Zeit:** November–April.

**Dauer:** 1–2 Std.

**Ausrüstung:** Wer richtig spazieren will, braucht an Steinstränden feste Schuhe. Im Sommer Badeschuhe, um ins Wasser zu gelangen.

# VON DER KUNST DES SPAZIERENS

 ... der Ernst-Ludwig-Kirchner-Weg auf Fehmarn

*Viele Künstler haben eine enge Verbindung zur Natur. So auch Ernst Ludwig Kirchner, der vor hundert Jahren seine Sommer auf der Insel Fehmarn verbrachte. Eine kleine Ausstellung in der Stadtbücherei von Burg bereitet bestens auf einen Kunstspaziergang im Osten der Insel vor, der dem Maler gewidmet ist.*

Die Ostküstenpromenade bei Staberhuk wirkt aus manchem Blickwinkel, als hätte sie ein Kind modelliert.

In einigen Ländern gilt der Spaziergang als Zeitverschwendung. In anderen quasi als Kulturgut. In Deutschland begann das Bürgertum erst im 18. Jahrhundert, die Natur zu genießen und wirklich wahrzunehmen. Allen voran Künstler. Ein schönes Beispiel für die Verbindung von Kunst und Natur ist der Ernst-Ludwig-Kirchner-Weg auf Fehmarn.

Kirchner, einer der wichtigsten deutschen Expressionisten, nannte die Insel »ein irdisches Paradies, mit ... wundervoller Küstenbildung, manchmal von Südseereichtum«. Wer sich an einem eiskalten Wintertag aufmacht, auf seinen Spuren zu wandeln, mag den Südseeaspekt zunächst nicht so recht auszumachen.

Der Ernst-Ludwig-Kirchner-Weg schlängelt sich dreieinhalb Kilometer als zumeist schmaler Pfad zwischen dem Leuchtturm Staberhuk und Katharinenhof an der Abbruchkante einer kleinen Steilküste entlang. Ostküstenpromenade nennen die Insulaner diesen Abschnitt, auf dem der Wind kalt über die Felder pfeift und der Maler einige seiner bekanntesten Motive fand. Im Vergleich stellen sich seine Gemälde beinahe gegensätzlich zur Landschaft dar.

Kräftig sind Kirchners Bilder, wo die Natur zurückhaltend ist. Dieser Kontrast erklärt einen Grundgedanken des Expressionismus. Nicht die Realität wird dargestellt, sondern ein Gefühl. Kirchner beschrieb das Kunstsehen so: »Sehen als Genuss, als Vermittler geistiger Dinge und Erkenntnisse«.

Lässt man sich darauf ein, Formen und Farben in erster Linie zu fühlen, findet man Kirchners Pinselführung auf einmal in allen Dingen. Man

Im Winter treten Farben zurück und Formen in den Vordergrund.

versteht seine Motivreduzierung. Man staunt über die Zartheit der eigentlich holzschnittartigen Interpretation. Oder aber man folgt einfach den eigenen Gedanken. Auch ganz ohne Kunstinteresse ist der Ernst-Ludwig-Kirchner-Weg ein wunderbarer Spaziergang, auf dem man sich auf sich selbst besinnen kann. Denn im Grunde sind wir doch alle Expressionisten.

**FAZIT: SCHÖNE SYMBIOSE VON KUNST UND NATUR. DER VORHERIGE BESUCH DER AUSSTELLUNG ERHÖHT DAS VERGNÜGEN.**

**Hin & Weg:** Einige Parkplätze gibt's an der Marinestation Staberhuk, schöner ist die Anreise mit dem Rad.

**Beste Zeit:** Ganzjährig, aber nur im Winter allein. Ausstellung in der Stadtbücherei (Bahnhofstraße 47). Dort und auf www.kirchnervereinfehmarn.de ist für wenige Euro eine Karte erhältlich, die alle wichtigen Kirchner-Stationen auf der Insel verortet.

**Dauer & Strecke:** Spaziergang und Ausstellung je 1 Std. 7 km zu Fuß.

**Ausrüstung:** Im Sommer Badesachen.

# EISBONBON-
# BLAUE
# WINTERTAGE

 ... »Nordisch Gehen« in Eckernförde

 *Wenn die letzte Pommesbude in der Walachai ihre Pforten schließt, schlägt die Stunde der Stadtstrände. Im Sommer so manchem zu trubelig, zeigen sie sich im Winter angenehm belebt und bieten auch während der stillen Monate tolle Einkehr- und Aufwärmmöglichkeiten. Perfekt ist Eckernförde.*

Auf der südlichen Steilküste, im Begräbniswald Küstenfrieden, öffnen sich zwischen mächtigen Buchen, Eichen und Ahornbäumen Aussichtplätze auf die Eckernförder Bucht.

An klirrendkalten Wintertagen stockt am Südstrand von Eckernförde schon mal der Atem – so eisig ist die Luft und so prächtig das Meer. Flach und glasklar trifft die Ostsee auf Höhe des markanten Rundpavillons auf feinen Sand. Handschuhe, Mütze und Schal allein helfen bei Minusgraden aber nicht mehr viel. Man muss sich schon bewegen, um nicht selbst zu erstarren.

Beim Spaziergang Richtung Altenhof weicht das Gefühl von 1000 Nadelstichen auf der Haut einer angenehmen Frische. Spätestens beim Aufstieg zur Steilküste. Dort oben zieht sich ein Rundweg mit wundervollen Aussichtspunkten durch den Wald. Selbst die Marineanlagen wirken aus der Entfernung wie interessante Architektur. Und wahrscheinlich lassen sich auch die Wappentiere von

Eckernförde blicken. Eichhörnchen, die nach ihren Vorratslagern zu Füßen der Eschen und Buchen suchen. Wer beim Anblick der putzigen Tiere sein Herz verliert, kann später der Eichhörnchen-Schutzstation einen Besuch abstatten. Sie liegt am Noor; einen guten Kilometer entfernt vom Ostsee-Info-Center am Hafen, wo es Kindern erlaubt ist, Seesterne zu streicheln.

Aber jetzt gilt es erst einmal, die energetische Wirkung winterlicher Meeresluft zu genießen. Mit nur vier Kilometern ist der Rundweg schon nach einer knappen Stunde geschafft. Wer bereits Stärkung braucht, steuert das Restaurant Treib-Gut an (www.restaurant-treibgut. de). Die schnuckelige Reetdachkate am Kiekut hat eine hervorragende Speisekarte, auf der ausnahmsweise auch Vegetarier nicht zu

Plattdütsch für Anfänger: Lollis nennt man im Norden auch Schlickstangen.

kurz kommen. Wer seine Speisen lieber selbst zubereitet, stiefelt zurück nach Eckernförde City. Die Promenade führt direkt in die Altstadt. Dort werden in der Frau-Clara-Straße Naschwaren wie in alten Zeiten zubereitet (www.bonbonkocherei.de).

Die Schauküche der Bonbonkocherei duftet süß nach Zucker. Er köchelt in einem alten Kupferkessel über dem offenen Feuer. Zuschauern werden handwarme Leckereien zum Probieren zugesteckt. An den Naschinseln mit selbst gemachten Schokoladen, Pralinen, Weingummi, Lakritz und 100 Bonbonsorten fällt die Auswahl nicht eben leicht. Auf jeden Fall sollte ein Zellophantütchen mit eisblauen Bonbons in die eigene Tasche wandern – zur Erinnerung an die winterliche Eckernförder Bucht.

**FAZIT: TOLLES WINTERZIEL, ZUMAL MIT KINDERN: IM OSTSEE-INFO-CENTER KANN MAN SEESTERNE STREICHELN. DIE EICHHÖRNCHEN IN DER SCHUTZSTATION AM NOOR FREUEN SICH ÜBER HASELNÜSSE.**

**Hin & Weg:** Der Bahnhof liegt nur einen Straßenwechsel vom Hafen entfernt. Parkplätze finden sich überall.

**Beste Zeit:** Winter.

**Dauer & Strecke:** Strandspaziergang 1,5 Std. und gute 10 km zu Fuß.

**Ausrüstung:** Handschuhe, Mütze, Schal (oder im Sommer: Badesachen).

# 2. KAPITEL
# AUSFLÜGE

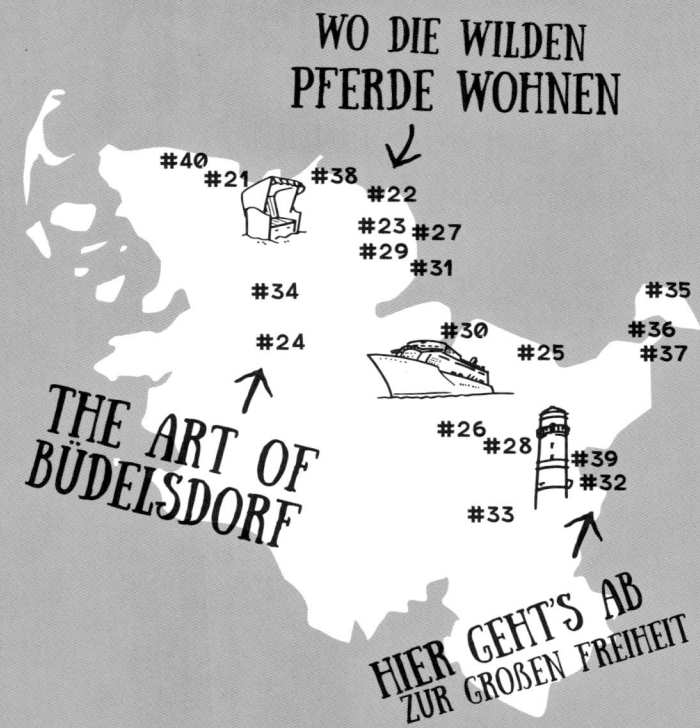

WO DIE WILDEN
PFERDE WOHNEN

#40 #21 #38 #22
#23 #27
#29 #31
#34
#35
#24 #30 #25 #36
#37

THE ART OF
BÜDELSDORF
#26 #28 #39
#32
#33

HIER GEHT'S AB
ZUR GROSSEN FREIHEIT

## Raus für einen Tag

*Ob auf Inseln, an Küsten, in Hinterhöfen und Schlossgärten, ob in Flipflops oder Wanderschuhen, mit Sonnenbrille oder Pudelmütze – jedes Wetter ist Ostseewetter.*

**12 H**

# LETZTER STRAND VOR DÄNEMARK

≳ ... Expeditionen in Wassersleben ≲

# #21

Wassersleben entstand als Villen-Vorort von Flensburg. Heute gehört das kurtaxenfreie Strandbad an der Förde zur Gemeinde Harrislee, obwohl es dorthin kaum direkte Verbindung gibt. Nach Dänemark hingegen kann man auf Streifzügen durch die Wälder schon mal versehentlich geraten.

Unmittelbar nördlich von Flensburg gelegen ist Wassersleben im Sommer eher lebendig als idyllisch. Daher empfiehlt sich der Strand für die Vor- und Nachsaison.

»Sosti« nennen die Dänen den nördlichsten Strand der Ostseeküste Schleswig-Holsteins. Das bedeutet Schweinepfad. Deutsche sagen Wassersleben. Und das trifft die Sache besser. Wie eine Mondsichel schmiegt sich der kurtaxenfreie Sandstrand an die seichte Flensburger Förde.

Hier trauen sich selbst Kälteempfindliche ins Wasser und auch jüngere Kinder dürfen unbesorgt am Ufersaum herumplanschen. Die DLRG bewacht den Strand. Am schönsten ist Wassersleben jedoch nicht zur Badezeit, sondern in der ruhigeren Vor- und Nachsaison.

Es gibt in jeder Richtung viel zu sehen und zu erleben. Das gastronomische Angebot reicht von Pommes rot-weiß am nördlichen Ende des Strandes zu ausgezeichneter Küche am südlichen, in einem nostalgischen Badehotel von 1905 (www.hotel-wassersleben.de).

Wer dem baumbestandenen Uferweg vom Hotel Wassersleben folgt, gelangt nach einem kurzen Spaziergang zum Strand Ostseebad, der schon zu Flensburg gehört. Die Seebrücke ist der beste Spot, um das Rote Schloss, die Marineschule Mürwik, zu fotografieren.

Wer lieber Waldluft schnuppert, kann endlos im Klueser Wald spazieren, der sich im Rücken des Strandes erhebt. Gleich beim Parkplatz am Alten Kirchenweg liegt die Freizeitlichtung mit einem Trimm-dich-Pfad. Besonders Kinder freuen sich über Tarzanstrecke, Balancier-Baumstämme, Kletterhürden, Seilbahn und andere an den Wald angepasste Geräte. In nördlicher Richtung lohnt sich eine fünf Kilo-

Die seichte Bucht 300 Meter südlich von Dänemark ist besonders bei Kindern und Schwänen beliebt.

meter lange Rundwanderung über den Strand hinaus. Nur einen Schilfgürtel weiter beginnt Skandinavien – und zwar an der kleinsten Grenzanlage Europas, der Schusterkate. Hinter der schmalen Holzbrücke führt linker Hand ein Wanderpfad durch den dänischen Kollundwald zum Industriemuseum Kupfermühle.

Die wunderschönen, denkmalgeschützten Arbeiterhäuser sind der Inbegriff eines dänischen Dorfes. Dabei befindet sich die Siedlung Kupfermühle schon wieder in Deutschland. Auch wenn hier, wie überall im Grenzgebiet, dänische Supermärkte das Bild bestimmen. Dort – und nur dort – lassen sich Deutsche und Dänen auf einen Blick unterscheiden. In den Einkaufswagen der einen stapeln sich Spirituosen. Die anderen tragen eine Tüte Lakritz in der Hand und eine Packung Kerzen.

> **FAZIT: STRANDSPAß MIT ABSTECHERN NACH FLENSBURG UND DÄNEMARK. SCHÖNER AUßERHALB DER FERIENZEIT. AUSNAHME: 21. FEBRUAR – BEIM BIIKEBRENNEN DARF ES RUHIG TRUBELIG WERDEN.**

**Hin & Weg:** Parkplätze gibt's auf Höhe des Hotels Wassersleben.

**Beste Zeit:** Frühjahr und Herbst.

**Dauer:** Klassischer Tagesausflug.

**Ausrüstung:** Gültiger Ausweis für den Grenzübertritt nach DK, im Sommer: Badesachen.

# JE LÄNGER, JE LIEBER

## ⤜ ... Wanderung durch die Geltinger Birk ⤛

# #22

*Wer es geschickt anstellt, wird im Laufe der Zeit nicht nur älter, sondern auch besser. So wie die Geltinger Birk. Die Landzunge steht bereits seit 1934 unter Naturschutz. Seitdem hat sie sich in ein Märchenland verwandelt, bestehend aus Gespensterwäldchen, Zauberstränden, verwunschenen Sümpfen und Lagunen.*

feine Sache sind. Besonders bei unbeständigem Wetter, wenn dunkle Wolken über den Himmel jagen, um urplötzlich eine ultrablaue Schneise in den Himmel zu schlagen und die Ostsee magisch funkeln zu lassen. Etwa bei der NABU-Hütte wird der Wind noch etwas frischer. Die Birk ragt hier weit ins Wasser hinaus. Von März bis Oktober starten dort mittwochs um 10 und sonntags um 14.30 Uhr Führungen durch das Schutzgebiet (Dauer ca. eineinhalb Stunden).

Nun lohnt es sich, nach Wildpferden Ausschau zu halten. 2002 wurden Koniks angesiedelt, die sich seitdem frei herumtreiben und dabei jede Menge Nachwuchs zeugen. Sie dienen der Landschaftspflege, genau wie Galloways, Ziegen und Schafe.

Die schönste Zeit auf der Birk ist für Tierfreunde daher der Frühling, wenn Fohlen, Lämmer, Zicklein und Kälber über die Wiesen springen und 200 Vogelarten am Strand

Ein Kiosk in einem Naturschutzgebiet kann leicht zum Sakrileg werden. Nicht jedoch der Birk-Kiosk, am Parkplatz der Geltinger Birk. Im Holzgebäude mit begrüntem Dach werden regionale Köstlichkeiten aufgetischt, sodass Feinschmecker sich schon auf die Rückkehr freuen, bevor sie überhaupt losgegangen sind. Wanderer können sich hier zudem mit Informationsmaterial eindecken.

Das Naturschutzgebiet ist von ausgeschilderten Wegen durchzogen, mit Namen wie Eule oder Hochlandrind. Die beste Tour kombiniert den Möwenweg (blau) mit dem Konikweg (grün) und ist knapp 17 Kilometer lang.

Schon bei der Mühle Cahrlotte wird klar, dass Naturschutzgebiete am Meer eine ziemlich

Die Wildpferde leben frei und können selbst im Winter meist auf Zufütterung verzichten.

rasten oder brüten. Daher dürfen Menschen ihn auch nicht betreten; mit einer kleinen Ausnahme bei der Aussichtsplattform. Dort ziehen die Inseln der dänischen Südsee den Blick auf sich.

Beim Leuchtturm von Falshöft ist – je nach Witterung – Zeit für eine Erfrischung in der Ostsee oder für ein Heißgetränk. Der Weg knickt hinter dem Dorf ins Landesinnere ab. Es geht über Weiden, Wiesen und Felder. Die kontrollierte Vernässung der Birk gibt der Landschaft hier etwas Urzeitliches.

Gerade wenn die Beine etwas müde werden, kündigt das Rauschen der Ostsee das Ende der Tour an. Und im Birk-Kiosk köchelt schon die ersehnte Suppe.

**Hin & Weg:** Auf der Birk gibt es zwei ausgewiesene Parkplätze; der hier beschriebene liegt am Birk-Kiosk.

**Beste Zeit:** Ganzjährig, außerhalb der Sommerferien. Birdwatcher und andere Tierfreunde kommen am besten im Frühling.

**Dauer & Srecke:** Ca. 5 Std. inkl. Einkehr und 17 km zu Fuß.

**Ausrüstung:** Wetterfeste Kleidung.

# DREI FARBEN BLAU

⋝ ... Radwandern rund um Maasholm ⋜

*Die Gemeinde Maasholm lag einst auf einer Insel. Bis heute ist sie nur über einen Damm zu erreichen. Besucher werden gebeten, ihr Auto vor dem Ort zu parken. So bleibt der Krach fern der Landspitze zwischen Ostsee, Schlei und Noor, die sich an einem Tag prima erkunden lässt.*

Graswurzelbewegung: Die Natur erobert sich das Gelände einer ehemaligen Flugabwehrraketenstellung zurück. Hier und da wird nachgeholfen.

Der Naturerlebnisraum befindet sich auf dem Gelände einer ehemaligen Flugabwehrraketenstellung und hat besonders für Kinder viel Interessantes zu bieten. Neben sechs Ausstellungsräumen zu unterschiedlichen Naturthemen warten Biotope, ein Barfußpfad und Themengärten. Sie halten nicht nur Pflanzen, sondern auch andere Überraschungen bereit.

Während die lieben Kleinen sich auf dem Wind-Wasser-Küstenspielplatz austoben, werfen dankbare Eltern eine kleine Spende in den Opferstock zur Instandhaltung der Räder und freuen sich über eine Atempause am Strand. Gebadet werden darf hier natürlich auch.

Das ist doch mal eine gute Idee: Am Wanderparkplatz von Exhöft warten kostenlose Leihräder auf die Besucher des Naturerlebniszentrums Maasholm. Zwar sind die meisten Exemplare nicht mehr ganz taufrisch – aber allemal gut genug, um das ehemalige Militärgelände zu erfahren. Per Rad ist selbst für kleinere Kinder die große Runde (etwa zehn Kilometer) locker zu schaffen, und schon die Suche nach dem Gefährt mit den wenigsten Macken – und der richtigen Größe – kann als Spiel gelten.

Ein asphaltierter, gut zwei Kilometer langer Lehrpfad gibt eine Einführung in die Geschichte des Fischerdorfs Maasholm und des Naturschutzgebietes. Infotafeln erzählen von Wikingern, Sturmfluten und Eiszeiten.

Wer für sehr guten Kaffee zu haben ist, radelt immer am Deich entlang keine zwei Kilometer zum Café & Bistro Landhaus auf Gut Oehe (www.gut-oehe.de/café-bistro). Lage und Kuchen sind perfekt. Auf gleichem Weg geht es zurück zur Vogelwärterhütte. Die dahinterliegende Landzunge von Schleimünde darf nur im Rahmen vogelkundlicher Führungen betreten werden. Der Weg knickt nun an die Schlei ab. Die Aussicht auf der Strecke nach Maasholm – unter anderem auf die Lotseninsel – ist fabelhaft.

Im Hafen angekommen, lohnt es sich, vom Rad zu steigen. Den Charme des Fischerdorfs erlebt man am besten auf einem Bummel »de Maas rund«. Und am Ende wird natürlich Köstliches aus Neptuns Reich gespeist. Ob ein Fischbrötchen in der Räucherei Petersen

Massholm - das ist ein quirliger Hafen und schmale Gassen, Fischerkaten in deren Gärten üppige Rosenbüschen blühen, die schlichte St. Petri-Kirche (links), historische Kahnstellen und Netze, die in der Sonne trocknen.

([www.petersen-maasholm.de](www.petersen-maasholm.de)) oder ein Teller-gericht in einem Gartenlokal – frischer Fisch ist hier Ehrensache.

Tipp: Wer von der Ostsee nicht genug bekommen kann, radelt jenseits von Gut Oehe einfach weiter. Die Strände von Hasselberg, Kronsgaard und Pottloch sind selten überlaufen.

**Hin & Weg:** Der Parkplatz des Naturerlebniszentrums liegt etwa 1 km vor Maasholm.

**Beste Zeit:** Ostern–Oktober. Öffnungszeiten unter [www.naturerlebniszentrum.de](www.naturerlebniszentrum.de)

**Dauer & Strecke:** Mind. 3 Std., besser 1 Tag. 10 km mit dem Rad.

**Ausrüstung:** Kleine Spende (für den Trägerverein zur Instandhaltung der Räder).

**FAZIT: SPANNENDER AUSFLUG FÜR JEDES ALTER.**

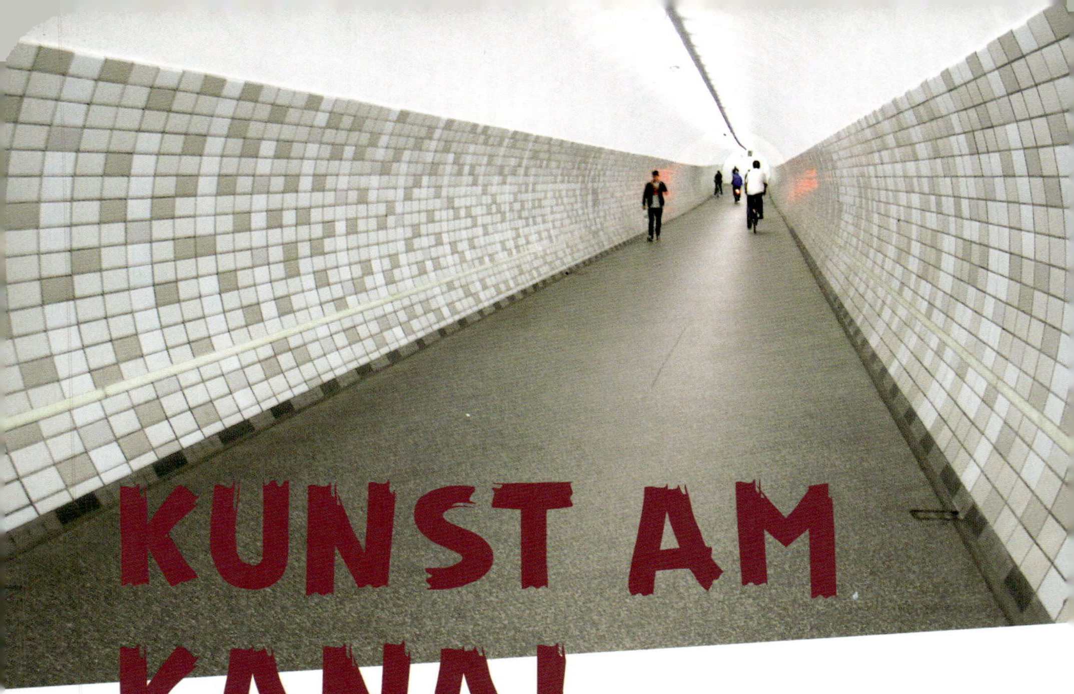

# KUNST AM KANAL

... in Büdelsdorf und Rendsburg

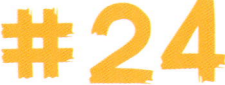

#24

*Was findet jeden Sommer im Herzens Schleswig-Holsteins statt, zieht 90 000 Besucher an und ist nicht Wacken? Logisch – die NordArt im Kunstwerk Carlshütte in Büdelsdorf. Und wenn man schon grad mal in der Gegend ist, kann man sich gleich auch vom benachbarten Rendsburg überraschen lassen.*



#NordArt #Kunsterlebnis #überallistWunderland

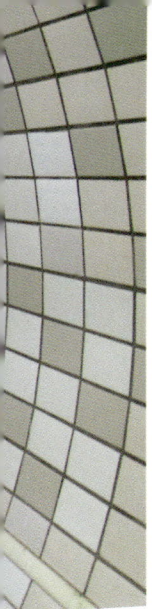

»Kunst ist eine Harmonie parallel zur Natur« (Paul Cezanne)

Die schlechte Nachricht zuerst: Es gibt nur ein erstes Mal im Kunstwerk Carlshütte. Natürlich, die gewaltigen Ausstellungshallen in der ehemaligen Eisengießerei und der wunderschöne Skulpturengarten hauen auch noch beim zweiten, dritten oder vierten Besuch aus den Puschen. Aber der erste Besuch bleibt der beste. Weil man beim ersten Mal noch gar nicht vorbereitet ist auf den rohen Industriecharme, die geheimen Gänge, abseitigen Gelasse und seltsamen Treppen, die vielleicht zu weiteren Kunstwerken führen – vielleicht aber auch nicht. Die NordArt macht Spaß, bezaubert, wühlt auf und manchmal fragt man sich vielleicht auch: Was soll das denn? Und genau dafür ist Kunst ja auch da. Ein Spielplatz für Erwachsene, so könnte man die NordArt auch beschreiben. Mehr als 100 000 Quadratmeter Ausstellungsfläche indoor und outdoor lassen dem Besucher keine andere

Wahl, als nach dem Lustprinzip zu entscheiden. Was Kunst ist und was weg kann, liegt ganz im Ermessen des Betrachters. Und für die meisten ist die Aufnahmekapazität wohl längst erreicht, bevor man alle Werke gesehen hat. Aber auch das ist o.k.

Gerade sensible Seelen müssen dann erst mal wieder eine Weile am Wasser sitzen, um alles sacken zu lassen. Schön geht das im angrenzenden Rendsburg. Mit dem Rad oder zu Fuß sind es nicht einmal vier Kilometer bis zur Schiffsbegrüßungsanlage am Nord-Ostsee-Kanal. Autofahrer müssen sich zehn Kilometer durch die Stadt bewegen. Wie nach jeder guten Kunstausstellung sieht man die Welt auf einmal mit anderen Augen. Überall scheint Kunst zu sein. Allemal gilt das für die Eiserne Lady, die Eisenbahnbrücke von Rendsburg. Leider wurde die berühmte Schwebefähre bei einem Schiffs-

unfall vor einigen Jahren so stark beschädigt, dass eine Reparatur nicht mehr möglich ist. Derzeit wird an einer möglichst ähnlichen Konstruktion gearbeitet, die hoffentlich ab 2019 wieder Passagiere über den Kanal befördern wird. Aber die Kapitäne begrüßen von den Brückenterrassen auch in der Zwischenzeit jedes Schiff mit Songs und Schnacks übers Mikrofon. Sie haben viel zu tun. Der Nord-Ost-

**Hin & Weg:** Von vielen Orten aus ist Rendsburg mit der Bahn zu erreichen; Parkplätze gibt's direkt an der NordArt und/oder dem Café und Restaurant Brückenterrassen.

**Beste Zeit:** Anfang Juni – Anfang Oktober. Öffnungszeiten der NordArt unter www.nordart.de

**Dauer & Strecke:** 1 Tag.

**Ausrüstung:** Ein paar Euros für Eis und den Eintritt zur NordArt.

Ein Birkenwäldchen passt locker in die gewaltigen Ausstellungshallen im Kunstwerk Carlshütte. So mancher Luxusliner passt gerade eben noch unter der Hochbrücke durch.

see-Kanal ist der meistbefahrene Kanal weltweit. Darum verströmt auch der Rendsburger Hafen richtig schön schrabbeliges Flair, obwohl er doch mitten im Land liegt.

Als atmosphärischer Bruch lockt das wunderbare Eisstübchen am Kai (www.eisstuebchen-rendsburg.de). Dort kann man vom Tresen aus zuschauen, wie Kreationen namens Sylter Sahne oder Schwedisch Karamell hergestellt werden. Die schmecken auf jeden Fall nach Kunst. Und wenn man nur einen kurzen Spa-

ziergang weiter auf einer der längsten Rollentreppen Nordeuropas 28 Meter unter die Erde fährt, um durch den Kanaltunnel ans andere Ufer zu gelangen, fühlt sich das an, als sei man selbst Teil einer Performance.

**FAZIT: ERSTTÄTER SEHEN BÜDELSDORF UND RENDSBURG OFT NUR ALS ALTERNATIVE FÜR SCHIETWETTERTAGE. ABER VIELE, DIE MAL DA WAREN, KOMMEN JEDES JAHR WIEDER – SELBST BEI SONNENSCHEIN.**

# DA MUSST DU SCHON FRÜHER AUFSTEHEN

... Sonnenaufgangstour in Hohwacht

## #25

*Bei maximaler Feriendichte wird es so manchem zu drängelig auf besonders frequentierten Wanderwegen. Doch das ist kein Grund sie zu meiden. Die tagsüber äußerst beliebte Tour rund um den Großen Binnensee in der Hohwachter Bucht etwa kann zu ungewöhnlichen Zeiten in vollkommener Ruhe und Einsamkeit genossen werden.*

Sonnenuntergang kann jeder. Der Sonnenaufgang ist hingegen eine exklusive Veranstaltung.

Mücken nun allmählich schlafen legen und die Möwen noch von Fischschwärmen träumen, kann man schon mal den Eindruck bekommen, ganz allein auf der Welt zu sein. Wie gut, dass die Wegführung keine Aufmerksamkeit braucht.

Der sandige Pfad verläuft gute fünf Kilometer nah am Strandwall. So kann man sich ganz auf die Stille zwischen Kleinem Binnensee und Ostsee konzentrieren. Wenn der Himmel beinahe zu brennen scheint, ist es Zeit, über die nächste Holzbrücke an den Strand zu wechseln. Denn jetzt klettert die Sonne über die Wasserkante.

Je nach Temperament bewundert man das Spektakel still vom Strand. Oder schwimmt dem Strahlen entgegen. Das ist, Kitsch hin oder her, als würde man in kühles Gold tauchen. Danach geht es, teils auf sandigen Pfaden, teils auf Bohlenwegen zwischen leuchtenden Salzwiesen und Strandwall zum Leuchtturm Neuland. Ab Behrensdorf führt der Wanderweg W3 durch den Ort und dann etwa einen Kilometer parallel zur Straße zum Gut Waterneversdorf. Er schlängelt sich am Ufer des Großen Binnensees entlang, stre-

Wenn die Sonne im Juni ihren Höchststand erreicht, muss ziemlich früh aufstehen, wer den Tagesanbruch in Hohwacht begrüßen möchte. Bereits eine gute Stunde bevor der Feuerball sich über den Horizont schiebt, wird die Veranstaltungsplattform Flunder am weißen Sandstrand zum Logenplatz. Gegen 3.30 Uhr kündigt ein Lichtstreifen am Horizont das Ende der Nacht an. Je nach Wetterlage färbt sich der Himmel zart rosé bis knallig orange und die Schwärze ringsum weicht tiefem Indigo. Im Zwielicht tritt der Promenadenweg ausreichend hervor, damit man stolperfrei ins zwei Kilometer entfernte Lippe wandern kann.

Wo die Kossau in die Ostsee mündet, muss der Sportboothafen umrundet werden, bevor es zurück auf den Strandweg geht. Da sich die

**Hin & Weg:** Parkplätze gibt's in Hohwacht an der Seestraße und der Strandstraße.

**Beste Zeit:** Warme, windstille Sommernächte.

**Dauer & Strecke:** Ohne Badepause 4 Std., mit 5 Std. für die 21 km zu Fuß.

**Ausrüstung:** Feste Schuhe, Handtuch, Badesachen, Wasserflasche.

Die Sonne richtet ihre Scheinwerferaugen auf den Leuchtturm Neuland im morgenstillen Behrensdorf.

ckenweise unter uralten Bäumen. Wo sie besonders dicht stehen, ist die »Alte Burg« erreicht, ein Wald auf einer Landzunge. Hier wird noch einmal die Kossau überquert, bevor die Landstraße die Zivilisation ankündigt.

Auf den letzten drei Kilometern vom Golf-club über Haßberg nach Hohwacht drehen bereits Hundebesitzer und Mountainbiker ihre Runden und erste Dauerläufer joggen

an den Strand. Doch noch immer liegt eine entspannte Stille über der Promenade. Es ist ja auch erst 8.30 Uhr.

FAZIT: DIE 21 KILOMETER SIND ZUM SONNENAUFGANG EIN TRAUM. EINKEHR-MÖGLICHKEITEN GIBT'S ZU DIESER ZEIT KEINE, DOCH UMSO OPULENTER DARF DAS FRÜHSTÜCK BEI RÜCKKEHR AUSFALLEN.

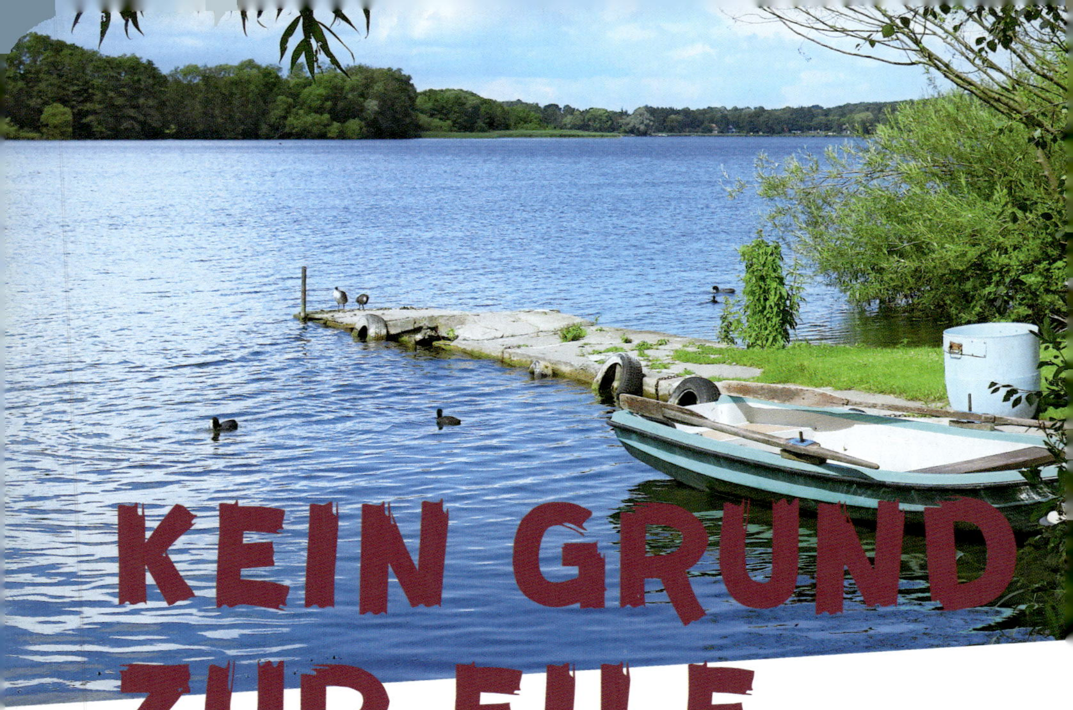

# KEIN GRUND ZUR EILE

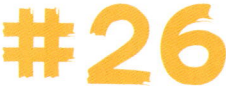

... Sonntagsspaziergang am Dieksee

## #26

*In der sanft hügeligen Landschaft des Naturparks Holsteinische Schweiz ist Wandern ein einziger Genuss. 27 ausgeschilderte Wanderwege lassen sogar während des Touristenansturms in den Sommerferien Raum für stille Stunden und eigene Gedanken. So auch die Tour um den Dieksee.*



#derGeistvonMalente #Wandern #Kneippbad #Wildgehege

Und am Ende der Straße liegen Häuser am See: Reetdachträume in Niederkleveez.

Selbst im Hochsommer legt sich der verschlafene Zauber der Diekseepromenade von Malente über die innere Unrast wie eine lindernde Salbe. Sicher, die knapp zwölf Kilometer lange Tour um den See wäre in zwei Stunden zu schaffen, aber wo bliebe denn da der Genuss? An Seen gibt es ja ohnehin keinen Grund, hastig zu werden. Jederzeit ist man im Bilde, wie viel der Strecke bereits geschafft ist und was noch zu bewältigen wäre. Man muss auch nicht fürchten, hinter der nächsten Ecke

ließe sich besser pausieren als dort, wo man sich aktuell befindet.

Es ist zwar kaum möglich, sich hier zu verirren, aber der Rundweg um den Dieksee wurde trotzdem mit Schildern mit blauen Balken gekennzeichnet – sicher ist sicher. Kurz nachdem die Promenade von einem Waldweg abgelöst wird, tauchen die geheimnisvollen Spiegelteiche auf. Immenhof-Liebhaber erkennen die Szenerie. Hier kneippte schon

Damwild und Rotwild freuen sich über mitgebrachte Wurzeln und Äpfel. Im Frühling gehört dem Schwarzwild die große Bühne im Wildpark Malente: dann werden die Frischlinge geboren.

den sich unbedingt merken sollte, wer zurück in Malente Holsteiner Hausmannskost genießen möchte. Bei gutem Wetter speist man dort draußen an langen Holzbänken. Ist es kalt, wird vorm knisternden Ofen im Gastraum serviert – und von der Decke baumeln gewaltige Katenschinken (www.schlachterei-petersen.de).

Aber jetzt geht es erst mal ein wenig auf und ab und ein kurzes Stück entlang der Straße. Eine Aussichtsplattform später führt der Weg schon wieder Richtung Wald, Dieksee und zur »Quelle der gebrochenen Herzen«. Bald schimmert die Seebadeanstalt mit Sprungtürmen und Sandstrand durch die Bäume. Im Sommer ein unbedingtes (kostenfreies) Muss.

Das benachbarte (ebenfalls eintrittsfreie) Wildgehege mit Dam-, Rot- und Schwarzwild ist hingegen im Herbst so richtig schön, wenn sich die Blätter rot-braun färben. Kurz hinter dem Gehege ist auch schon wieder der Ausgangspunkt erreicht.

Onkel Pankratz. Und noch immer befinden sich hier eine Wassertretstelle und ein Armbecken. Also Hosen und Hemden hochkrempeln. Das stetig einfließende Wasser ist herrlich kühl. Und wie der Wald riecht! Und wie der Boden federt, wenn man einen Abstecher auf Landzungen wagt! Die erste Möglichkeit zur Einkehr findet sich beim Fährhaus in Niederkleveetz (www.faehrhaus-dieksee.com). Hier halten die Ausflugsdampfer der beliebten Fünf-Seen-Rundfahrt; Strandkörbe laden zum Verweilen ein.

Der Weg verlässt nun für eine Weile das Seeufer, bis von der Brücke im Vorzeige-Dörfchen Timmdorf aus gleich zwei Seen zu bewundern sind. Hier finden sich Galerien, Ausflugslokale und eine besondere alte Kate. Es ist die Urzelle der Schinkenräucherei Petersen. Ein Name,

Wer jetzt noch nicht genug vom Schlendern hat, ums Eck warten noch 199 andere Seen. Für alle anderen: Wer platt ist, ruht sich einfach in der Liegehalle im Kurpark aus.

**FAZIT: ENTSPANNTE WANDERUNG MIT TOLLEN, AUTHENTISCHEN EINKEHRMÖGLICH-KEITEN UND NATURNAHEN, WUNDERBAR ALTMODISCHEN »ATTRAKTIONEN«.**

Klar, sauerstoffreich und von der Schwentine durchflossen weist der Dieksee eine sehr gute Wasserqualität auf.

**Hin & Weg:** Mit der Bahn nach Malente-Grems-mühlen; Parkplätze gibt's direkt an der Dieksee-promenade.

**Beste Zeit:** Hochsommer und Herbst.

**Dauer & Strecke:** 3–4 Std. ohne Pause und 12 km zu Fuß.

**Ausrüstung:** Bei Sonne Badesachen, bei Regen gute Schuhe (es kann matschig sein).

# GANZ DAHINTEN, WO DER LEUCHTTURM STEHT

 ... Schiffsreise zur Lotseninsel

*Wind und Wellen schufen im Mündungsgebiet der Schlei eine Strandwalllandschaft, wie sie sich höchstens Astrid Lindgren hätte ausdenken können. Als der Staat sie verscherbeln wollte, sprang eine Stiftung ein, um die Natur zu schützen und die Lotseninsel für die Allgemeinheit zugänglich zu halten.*

Das Schatzinselchen: Der »Förderverein naturnaher Wasserwanderplatz Schleimünde« hegt, pflegt und betreibt den ehemaligen Schutzhafen an der Schleimündung.

Kurz vor elf Uhr in Kappeln an der Schlei. Die Sonne lacht, der Dampfer tutet. An Deck der MS Stadt Kappeln mischen sich dänische und deutsche Vokabeln mit Möwengeschrei. Bedächtig gleitet das ehemalig russische Motorschiff aus dem Hafen. Und wenn es Ausflugsdampfer noch nicht gäbe, man müsste sie erfinden. Denn welches Verkehrsmittel bietet schon frische Luft und frische Waffeln zugleich? Die Schlei windet sich durch eine idyllische Landschaft, vorbei an sanft geschwungene Feldern und satten, grünen Wiesen. Bei den blitzweißen Reetdachkaten von Rabelsund wird der Duft nach Meer intensiver, der Wind frischer. Nach einem kurzen Zwischenstopp im Fischerdorf Maasholm hält das Schiff auf Schleimünde zu, dem Punkt, wo Schlei und Ostsee sich treffen. Es ist schon erstaunlich, wie verlässlich Inseln das Gefühl von Abenteuer und ganz großer Freiheit auslösen. Ausgerechnet Inseln, die doch im Grunde der Inbegriff von Begrenzung sind. Doch es funktioniert selbst auf den allerkleinsten, wie der Lotseninsel, bei der es sich nicht wirklich um eine Insel handelt, sondern um das Ende einer Landzunge.

Die 112 Hektar große Halbinsel steht zum großen Teil unter Naturschutz und darf weiträumig nicht betreten werden. So ist die äußerste Spitze tatsächlich nur mit dem Schiff zu erreichen. Ein winziges Stück Land im Meer, groß genug für alles, was eine Insel ausmacht: Einen bei Seglern ungeheuer beliebten Nothafen, einen grün-weiß geringelten Leuchtturm, ein Tagungshaus, in dem auch Privatleute übernachten dürfen, wenn sich Buchungslücken auftun, und die Giftbude (www.facebook.com/lotseninsel). In der ehemaligen Hafenkneipe wird heute beste regionale Küche aufgetischt. Die MS Stadt Kappeln lässt ihren Passagieren 30 Minuten Zeit, die kleine Wunderwelt zu erkunden. Das reicht, um die Insel etwa zehn Mal zu umrunden und an einer kostenlosen Vogelführung teilzunehmen. Schleimünde ist kleiner als Lummerland. Aber es ist unbedingt eine gute Idee, erst mit dem zweiten Schiff dreieinhalb Stunden später zurückzureisen. Auf dem Bohlenweg an die Flutschutzmauer gelehnt, lässt sich so herrlich in die Sonne blinzeln. Und die Ostsee ist blau wie vor Saltkrokan.

Auf der Lotseninsel kann man nicht viel mehr machen als Beine und Seele baumeln zu lassen.

**FAZIT: GROSSE FREIHEIT AUF KLEINSTEM RAUM. VORHER DIE FAHRPLÄNE DES AUSFLUGSSCHIFFS CHECKEN; NICHT AN ALLEN TAGEN IST DIE VERLÄNGERUNG DES AUFENTHALTS MÖGLICH — UND DAS WÄRE ZU SCHADE.**

**Hin & Weg:** Gebührenfrei und noch dazu in Hafennähe parken können Besucher z. B. in der Feldstraße (nach der Brücke die Dritte rechts).

**Beste Zeit:** Sommer. Fahrpläne z. B. unter www.schlei-ausflugsfahrten.de

**Dauer & Strecke:** 5 Std. und einige Schritte für die Inselumrundung.

**Ausrüstung:** Picknick ist gut (Giftbude allerdings auch).

# PICKNICK IM PARK

## ... im Schlossgarten Eutin

**#28**

Den mit Rosenstöcken geschmückten Fachwerkbauten verdankt Eutin den Beinamen Rosenstadt. Eine weitere Ehrbezeichnung soll Goethe geprägt haben: »Weimar des Nordens«. Der wunderschöne Schlossgarten versetzt zurück in die Zeit der kulturellen Blüte.

In den Abendstunden liegt ein ruhiger Zauber über dem See.

sichtsbalkonen am See und lauschigen Plätzen unter Baumriesen. Ein wunderbarer Ort, wenn die Vorlieben unterschiedlich sind.

Während der eine ein Schläfchen im hohen Gras vorzieht, mag die andere vielleicht lieber das Gartendenkmal erkunden: über eine malerische Holzbrücke schreiten, durch die traumhafte Lindenallee wandeln, den Philosophengang mit kleinem Wasserfall bewundern oder sich von den Düften im Küchengarten die Sinne benebeln lassen. Das Schloss selbst lohnt sich auch; nächstes Mal dann.

Die Runde um den Großen Eutiner See unternimmt man lieber wieder gemeinsam. Der Rad- und Wanderweg ist so herrlich romantisch. Auf den rund zehn Uferkilometern bieten sich immer wieder reizvolle Blicke auf den See sowie die Liebes- und die Prinzeninsel. Badestellen laden ein, sich im See zu erfrischen.

Seewasser fühlt sich anders an als das Meer; sanfter – und nicht ganz so kalt. Wer auf Sand-

Dieser Ausflug beginnt mit einem leeren Picknickkorb auf dem größten Wochenmarkt der Holsteinischen Schweiz. Jeden Mittwoch und Sonnabend in der Zeit von 9 bis 13 Uhr duftet es in Eutin an zahlreichen Marktständen verlockend nach Obst und Gemüse aus eigenem Anbau, nach Käse und frischem Brot. Viel Regionales und Selbstgemachtes ist im Angebot, etwa Holsteiner Schinken oder Säfte in Bioqualität. Lebende Küken stehen auch zum Verkauf. Da steuert man doch gern den nächsten Stand mit veganen Aufstrichen an.

Zu den schönsten Picknickplätzen Eutins sind es nur einige Schritte durch die historische Altstadt. Der englische Landschaftsgarten rund um das Schloss lockt mit romantischen Pavillons, weiten Wiesen, historischen Aus-

**Hin & Weg:** Am besten mit der Bahn bis Eutin; Parkplätze gibt's z. B. am Schwimmbad in der Riemannstraße.

**Beste Zeit:** Mai–Oktober; Markt mittwochs und samstags.

**Dauer & Strecke:** 1 Tag; 10 km zu Fuß um den See.

**Ausrüstung:** Leerer Picknickkorb und -decke, Badesachen.

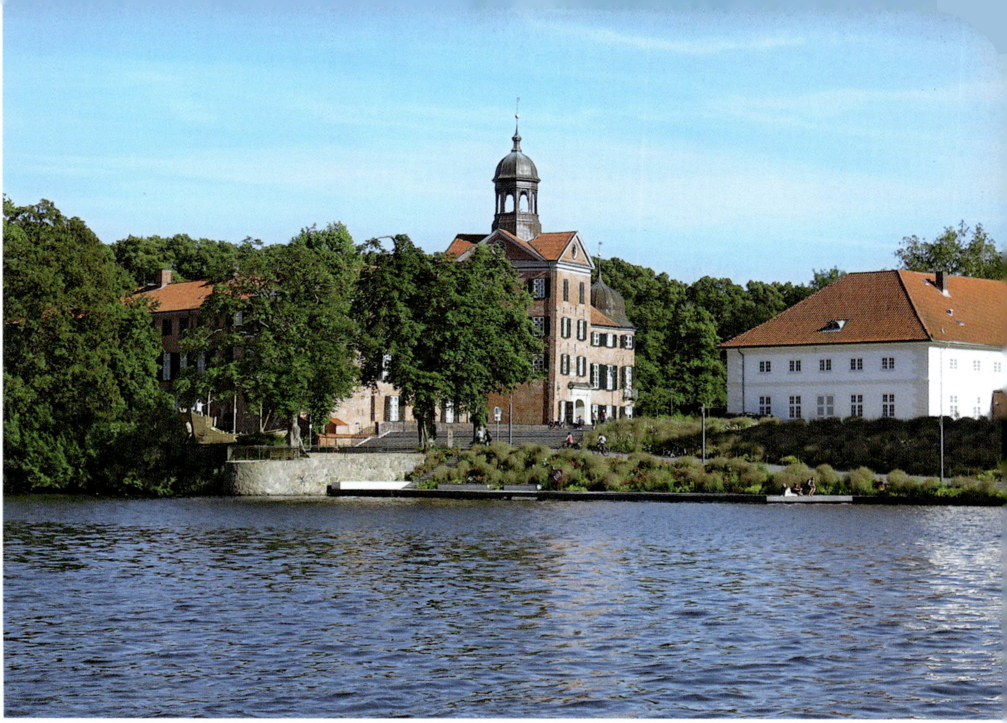

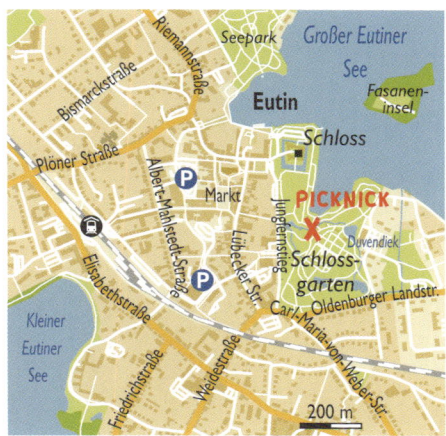

Direkt am Großen Eutiner See liegt das Schloss umgeben von einem wundervollen Landschaftsgarten.

strand nicht verzichten mag, wartet mit der Abkühlung, bis die historische Badeanstalt erreicht ist. Mit Wasserrutsche und Sprungturm steht das 100-jährige, hölzerne Schätzchen nicht nur bei Kindern hoch im Kurs. Genau wie die Spiel- und Sportgeräte im angrenzenden Seepark.

Steht der Wind günstig, weht an einem Julioder Augustabend die Musik der Freilichtfestspiele aus dem Schlosspark herüber. Wer ganz sichergehen will, ergattert im Vorwege Karten.

**FAZIT: KULTUR UND NATUR. AUSLAUF ODER AUSRUHEN. FAMILIENAUSFLUG BIS SOLO-STREIFZUG. IN EUTIN LÄSST SICH GANZ SPONTAN ENTSCHEIDEN, WONACH EINEM DER SINN STEHT.**

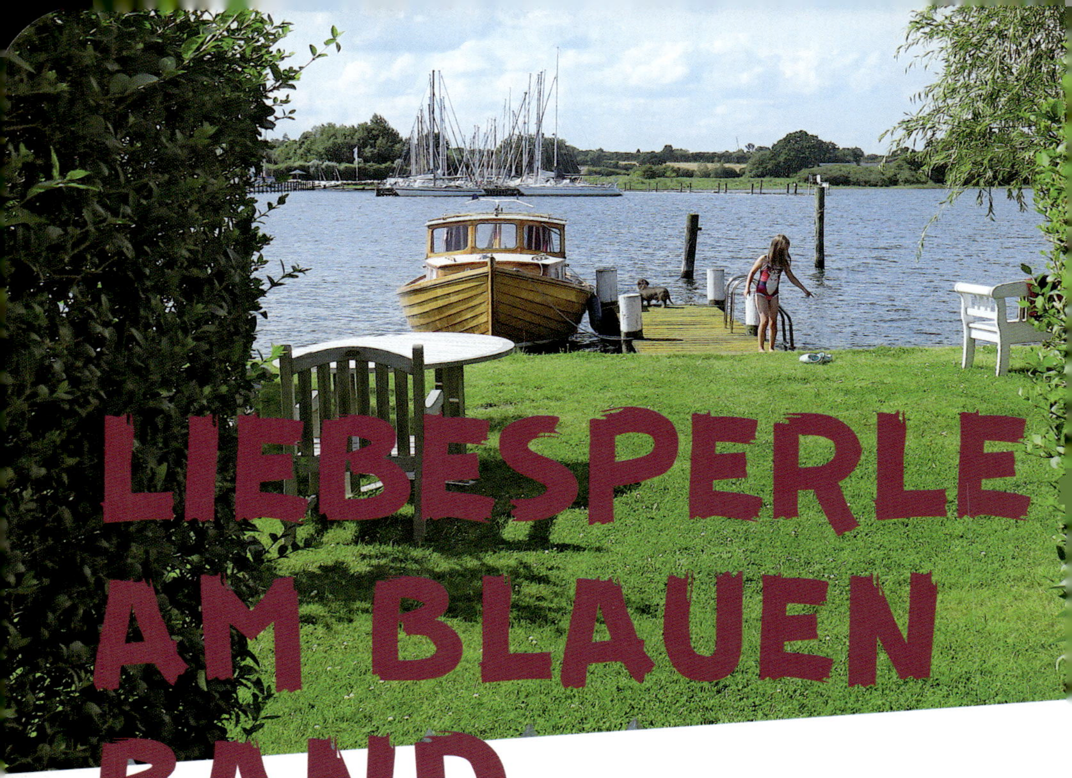

# LIEBESPERLE AM BLAUEN BAND

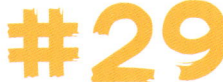

… »Städtetrip« nach Arnis

# #29

*Ist es möglich, jeden Winkel einer Stadt auf einem Tagesausflug zu erkunden und dabei noch vollkommen zu entspannen? Allerdings. Wenn es sich um Arnis handelt. Die kleinste Stadt Deutschlands, gelegen auf einer Halbinsel in der Schlei, ist nur etwa 800 Meter lang und 200 Meter breit.*



#Schleiregion #kleinstePerleDeutschlands #Sightseeinglight&slow #Kanufahren

Die Schifferkirche von Arnis.

Direkt gegenüber des (eher kleinen) Groß-parkplatzes führt ein sandiger Stichweg zwischen Schlei und Kapitänshäusern rund um Arnis herum – die tollste Art, sich einen umfassenden Eindruck von der kleinsten Stadt im Land zu verschaffen. Er lässt gut den Siedlungscharakter der Halbinsel erkennen, die sich wie ein Finger in die Schlei streckt.

Im Grunde besteht Arnis aus einer einzigen langen Straße, die dann ganz folgerichtig auch Lange Straße heißt. Die Grundstücke der Häu-ser sind im Ursprung – und vielfach noch heu-te – genau zehn Meter breit, aber zum Teil aus-gesprochen lang. Der Rundweg führt mitten durch sie hindurch. Zu den Häusern hin liegen liebevoll gepflegte Gärten, zur Schlei meist lauschige Anlegeplätze für das eigene Boot. An der Spitze der Landzunge öffnet sich der Blick weit Richtung Kappeln. Wer später dorthin möchte (was absolut keine schlechte Idee ist): Es führt ein vier Kilometer langer Wanderweg, meist direkt am Schleiufer, zum Seglerhafen.

Aber jetzt geht es erst mal auf die andere Seite von Arnis, die ganz gut den aktuellen Wandel illustriert. Auf der Plus-Seite steht der Zuzug junger Familien. Man sieht es an

125

den aufgehübschten Häusern und Gärten und dem Café Freies Arnis, das genauso gut auch im Hamburger Schanzenviertel, in Berlin-Friedrichshain oder irgendeinem anderen Szenequartier bestens aufgehoben wäre. Wenn die denn so wunderbare Wasserlage hätten wie Arnis. Ein wenig wehmütig macht hingegen der Anblick verlassener Werftgebäude. Und auch das beliebte schlüpferblaue Restaurant auf Stelzen, die Schleiperle, sucht seit 2016 nach neuen Besitzern. Davon profitiert ein kleines Stück weiter die Strandhalle (www.watenphul.de). Eine entzückende, traditionelle Location, um am Wasser zu lunchen. In direkter Nachbarschaft befindet sich die Badeanstalt von Arnis, ein kleiner Strand mit Spielplatz. Dort kann man am kleinen Sandstrand ein wenig in der Sonne aalen (nie mit vollem Bauch baden!), um anschließend jede

Ostseesehnsucht beim Schwimmen in der Schlei zu vergessen.

Die Badeanstalt bedeutet fast schon den Schlusspunkt der Rundwanderung – aber noch fehlt der Besuch der Schifferkirche. Ihr Friedhof liegt nur einige Schritte vom Strand entfernt. Das Tor zum Kirchhof führt auf die Lange Straße; sodass nun auch noch die »Innenstadt« von Arnis besichtigt werden kann. Shopping ist hier nicht das Hauptthema, aber dadurch wird jede Galerie, jeder Hinterhofladen, jede Bäckerei und jede einzelne Klönschnackbank zu etwas ganz Besonderem.

Da nun ganz Arnis von der Landseite entdeckt ist, weiß der Besucher auch, wo die Fähre zum gegenüberliegenden Ufer abfährt. Dort befindet sich direkt am Anleger der Kanuver-

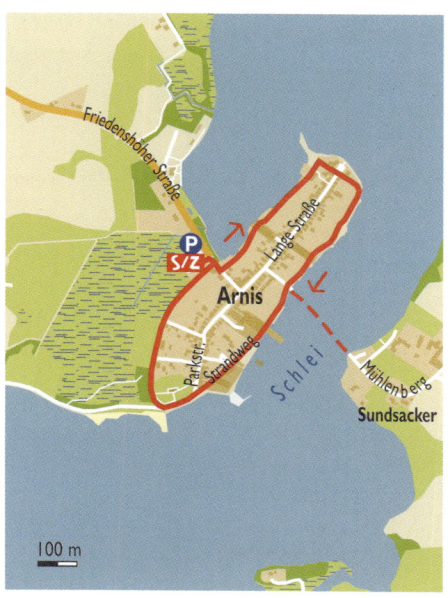

Nach dem Landgang wird in See gestochen. Von Arnis setzt die Fähre zum Kanu- und Kajakverleih in Sundsacker über.

leih von Sundsacker (www.kanuvermietung-schlei.de). Herrlich, herrlich ist es, eine Stadt auf dem Wasser zu umrunden, in der man jeden Winkel kennt.

> **FAZIT: ARNIS IST EINE PERLE, EHRLICH WAHR UND EGAL, OB MAN EHER ZU DEN LANDLUST-TYPEN ZÄHLT ODER DER KERNIGEN OUTDOOR-GEMEINDE ANGEHÖRT.**

**Hin & Weg:** Es gibt wenige Städte, in denen man so gern vor den Toren parkt, wie Arnis.

**Beste Zeit:** Frühling–Herbst.

**Dauer:** Hastige Vertreter: 1 Std., Entspannungsgemeinde: 1 Tag, Glückskinder: länger.

**Ausrüstung:** Im Sommer Badesachen.

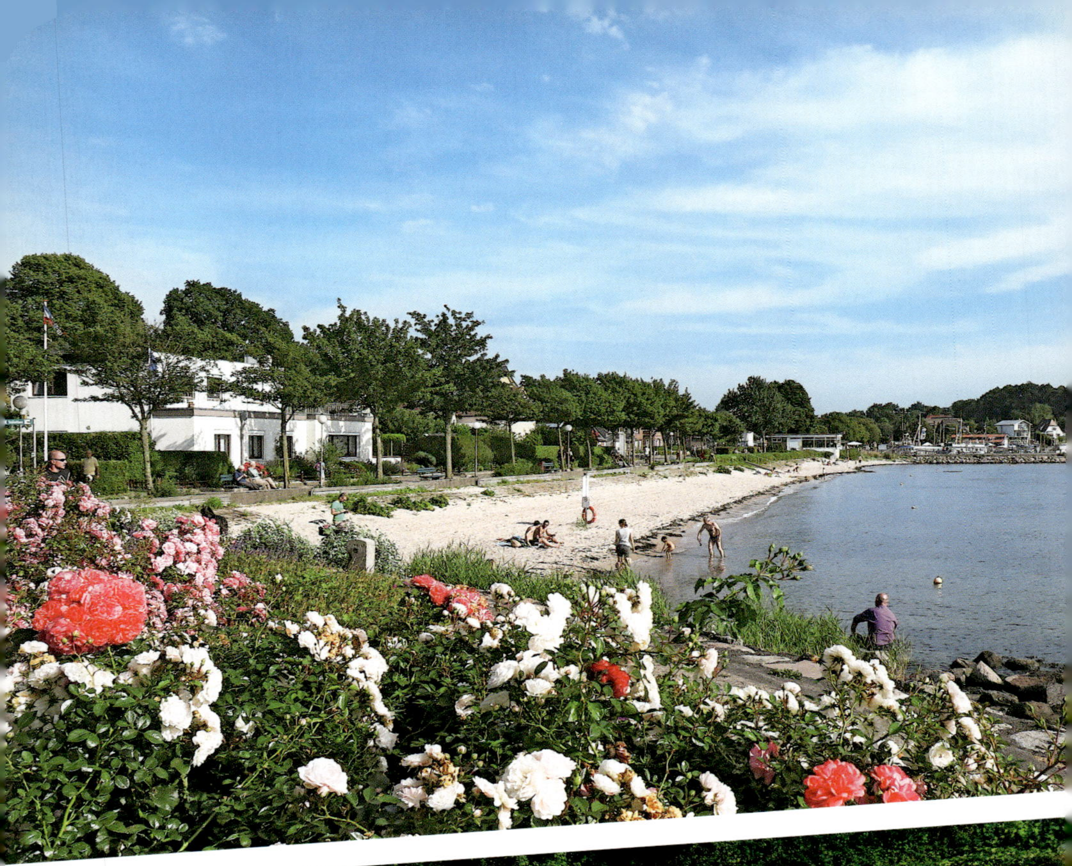

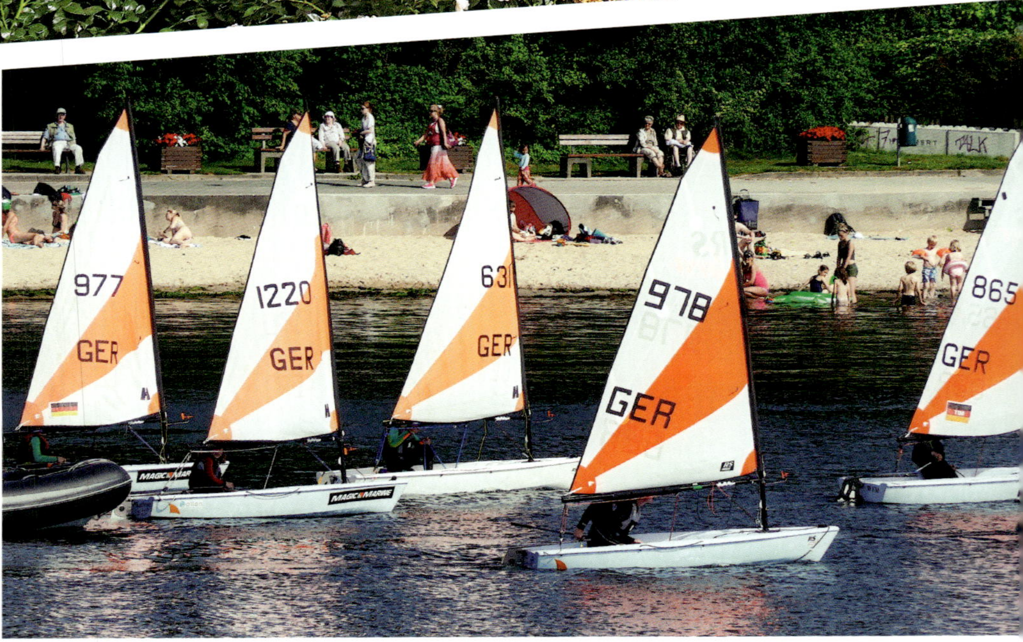
977
GER
1220
GER
GER
978
GER
865
GER
MAGICMARINE

# SIDEKICKS FÜR BIKER

⌐ ... Radtour auf dem Fördewanderweg ⌐

**#30**

*Bei einer Radtour auf dem Fördewander-weg drosseln prima Abstecher das Tempo und steigern das Vergnügen. Je nach Lust und Laune geht es von der Kieler City etwa 19 Kilometer bis zur kleinen Steil-küste von Laboe oder 30 Kilometer zum Schönberger Strand. Zurück dann mit der Fähre oder wie gekommen.*

Der Fördewanderweg schlängelt sich backbord – also am Ostufer der Förde – von Kiel bis zur offenen Ostsee bei Schönberg. Er ist für Radfahrer wie Fußgänger gleichermaßen großartig.

Vom Bahnhof Kiel mal ab durch die Mitte beziehungsweise über die Hörnbrücke, um schon bei Kilometer 0,2 einen ersten Stopp einzulegen. Etwa um den Duft der großen, weiten Kreuzfahrerwelt am Norwegenkai zu schnuppern, historische Segler im Germaniahafen zu bewundern oder um die Fördespitze zu schlendern. Erst danach lässt man's laufen. Es geht fünf Kilometer über Werftstraße und Schönberger Straße durch Industrie- und Wohngebiete bis zur alten Schwentinebrücke. Wer wissen will, warum die Schwentine schon im 19. Jahrhundert als beliebtes Ausflugsziel galt, läuft ein Stückchen landeinwärts am Flussufer entlang. Noch schöner ist es, die idyllische Schwentine per Boot zu erfahren. Ein Kanuverleih befindet sich direkt an der Schwentinebrücke (www. schwentinetalfahrt.de). Zurück an der Förde folgt auf einen kurzen (ach, viel zu kurzen)

Promenadenweg der vielleicht coolste Campus von allen. Die FH wurde spitzenmäßig auf verlottertes Werksgelände integriert. Künstler waren/sind von Anfang an zur Auseinandersetzung mit dem Ort eingeladen. Zur Kunst im öffentlichen Raum gibt's den kostenlosen Audioguide (www.fh-kiel.de/campuskultour).

Hinter dem Campus – nach einem kurzen Schlenker um das Kraftwerk – wird der Fördewanderweg zur Promenadenpartie, die bald aus der Stadt hinaus in Badeorte und Seglerhäfen führt. Das Kiekut in Kitzeberg ist die erste Perle einer langen Kette von Strandrestaurants, Fischbrötchenbuden und lässigen Beachbars. Herrlich altmodisch gibt sich die Seebadeanstalt von 1904 in Altheikendorf. Unbedingt einen Blick hineinwerfen! In Möltenort schickt die Beschilderung Radfahrer auf einen Umweg. Besser ist es aber, das Rad einige Hundert Meter entlang der Wasserkante zu schieben, um dem Marine-Ehrenmal einen Besuch abzustatten. Die Bronzetafeln mit den Namen von 35 000 gefallenen Marinesoldaten aus den Weltkriegen vergisst man so schnell nicht. Gleich dahinter tobt bei Sonnenschein das Leben. Der Hauptbadestrand von Heikendorf wirkt, als hätten Redakteure der »Landlust« Hand angelegt. Nicht umsonst galt der Ort schon in den 1920er-Jahren als Künstlerrefugium.

Von nun an schlängelt sich der Fördewanderweg durch den Wald. Ein Teilstück des folgenden Militärgebiets ist bisweilen gesperrt. Dann wird ein ausgeschilderter Umweg von sechs Kilometern nötig. (Die Info-Hotline der Marine gibt Auskunft über die aktuelle Lage: 04343 494307200.) Wenig später, bei Laboe, öffnet sich die Förde weit der Ostsee. Und weil das nicht der einzige Vorzug des schönen Seebads ist, steht nun eine Entscheidung an: Hierbleiben? Super! Oder die verbleibenden elf Kilometer des Fördewanderweges in Angriff nehmen? Auch super!

In Heikendorf liegt einer der schönsten, aber auch trubeligsten Strände.

> **FAZIT: WHATEVER THE WEATHER – SCHAUER LASSEN SICH INDOOR ÜBERBRÜCKEN. BEI SONNE IST DER NÄCHSTE STRAND NIE WEIT. UND DROHT DAUERREGEN, STEIGT MAN AUF DIE FÄHRE NACH KIEL.**

**Hin & Weg:** Mit der Bahn bis Kiel Hauptbahnhof; der Radverleih liegt auf der Rückseite des Bahnhofs.

**Beste Zeit:** Mai–Oktober.

**Dauer & Strecke:** ½–1 Tag. Rund 20 oder 30 km mit dem Rad, je nach Lust und Laune (einfach).

**Ausrüstung:** Rad, Badesachen.

# DAS ALLES UND NOCH VIEL MEER

... Küstenwanderung ab Damp

**#31**

*Würde jeder Ostseeurlauber noch vor der Wahl des Urlaubsortes eine Wanderung von Damp nach Weidefeld unternehmen, gehörten enttäuschte Erwartungen der Vergangenheit an. Auf zehn Kilometern findet sich alles, was die Ostsee in Sachen Sand- und Steinstränden, Steilküsten und Strandseen, Action und Stille zu bieten hat. Danach kennt man seine Seelenlandschaft.*

In den 1970er-Jahren hieß das heutige Ostsee-Ressort noch Damp 2000. Mag sein, man stellte sich so die Zukunft vor. Bis heute wirken die funktionalen Hochhäuser in der dörflichen Struktur der Halbinsel Schwansen wie eine Fata Morgana.

Rund um die Beachbar ist richtig was los. Kein Wunder. Der Strand ist steinlos und ewig lang, und es gibt eben viele, die Lust auf Action haben. Die anderen ziehen Schuhe und Strümpfe aus (wahlweise Gummistiefel an), um am Flutsaum Richtung Einsamkeit zu spazieren.

Im Winter beginnt die nur einige Schritte weiter, im Sommer muss noch der Campingplatz von Schuby-Strand überwunden werden. Auch das eine Geschmackssache. Schönheit liegt in den Augen der Betrachter. Fast immer. Nur bei Natur sind sich alle einig:

die ist schön. Und die ist besonders schön im Naturschutzgebiet Schwansener See.

Der Binnensee ist durch eine schmale Nehrung von der Ostsee getrennt und ein wichtiges Brutgebiet für etwa 100 Vogelarten. 5000 Vögel nutzen ihn außerdem zur Rast auf ihren Zügen oder bleiben gleich den gesamten Winter über. Birdwatcher kommen hier voll auf ihre Kosten, die Hütte des NABU hält Hintergrundinfos bereit. Nun geht es über einen gewundenen Pfad die Steilküste von Schönhagen hinauf. Hach, macht das Herz angesichts der großartigen Aussicht. Huch, der Verstand, wenn sich in 23 Metern Höhe gewaltige Abbrüche direkt vor einem auftun. Am Fuß der Steilküste liegt übrigens ein Paradies der Fossilienfreunde. Doch Steilküsten sind gefährlich, also nie eine Abkürzung hinunter suchen, sondern »Steine sammeln« lieber für den Rückweg notieren.

Im familienfreundlichen Schönhagen ist der Strand wieder ganz weiße Pracht. Der kleine, von Ferienhäusern geprägte Ort lädt zum Verweilen und zum (Sonnen-)Baden ein. Wer Kurtaxe doof findet, spaziert eineinhalb Kilometer weiter nach Weidefeld. Dass Strandpächter Theo Kalmar – unüblich für Schleswig-Holstein – lediglich Parkgebühren erhebt, könnte seinem Vorleben als Surflehrer geschuldet sein. Life is immerhin a beach – und kein Gebührenbescheid. Sie können ihn ja fragen, falls Sie ihn am Strandkiosk treffen oder bei einem Kaltgetränk mit super-duper Ostseeblick im Restaurant Lobster (lobster-kappeln.de).

Auf Sandstrand folgt Steinküste folgt Steinstrand folgt Sandstrand. Und die Wellen rauschen im Takt.

**FAZIT: ZEHN KILOMETER HIN, ZEHN ZURÜCK. ABER DAS WIRD NICHT LANGWEILIG, WEIL IM SICH ÄNDERNDEN LICHT ALLES IMMER NEU AUSSIEHT UND GEWISSE ABSCHNITTE SOWIESO EINMAL DIREKT AM WASSER BEGANGEN WERDEN WOLLEN — UND BEIM NÄCHSTEN MAL JENSEITS DER DÜNEN.**

**Hin & Weg:** Am Ortseingang von Damp gibt's einen kostenlosen Parkplatz.

**Beste Zeit:** Ganzjährig. Vogelliebhaber schätzen den Schwansener See besonders in den Morgen- oder Abendstunden.

**Dauer & Strecke:** 4–5 Std. reine Gehzeit. 20 km zu Fuß.

**Ausrüstung:** Im Sommer Badesachen, im Winter Gummistiefel.

# AB IN DEN WILDEN OSTEN

≥ ... Radtour von Travemünde ≤

## #32

*Von Meeren umschlossen hat Schleswig-Holstein zwar nur wenige Nachbarn. Dafür aber die besten von allen: Hamburg im Süden, Dänemark im Norden und im Osten Mecklenburg-Vorpommern. Das wilde Dornröschen Norddeutschlands lässt sich am besten mit dem Rad entdecken.*

#Ostseeradweg #waszusammengehört #Küstentour #Radfahren

Glück liegt im Kontrast. Und was könnte vielfältiger sein als eine Radtour von Travemünde in den Klützer Winkel. Während es zwischen Strandbahnhof und Casino noch angenehm lebendig zugeht, treiben sich in den Geschäften und Restaurants der Promenade für Ruhesuchende schon deutlich zu viele Urlauber herum. Also schnell mit der Fähre auf den Priwall.

Die kleine Landzunge in der Mündung der Trave ist zu 96 Prozent von Wasser umgeben. Mit den restlichen vier Prozent dockt sie an Mecklenburg-Vorpommern an. Territorial aber gehörte der Priwall immer zu Schleswig-Holstein, konkret zu Lübeck beziehungsweise dem Stadtteil Travemünde, der wiederum 20 Kilometer von der Hansestadt entfernt

liegt. Das war schon immer kurios, besonders aber während der Jahre, als kurz hinter dem Fähranleger der Eiserne Vorhang verlief. Kilometer null der deutsch-deutschen Teilung. Bis heute braucht es nur ein wenig Fantasie, um sich auf der quirligen Travemünder Seite ins Wirtschaftswunderland zu denken – und »drüben« in einen DEFA-Kinderfilm. Dabei gehörte die holperige Straße hinter dem Fähranleger (trotz Datschen und Kiefern) immer zum Westen. Hier war der Strand stets mehr als gut besucht. Und östlich davon – abgesehen von DDR-Grenzern – garantiert menschenleer. Die ersten 20 Kilometer Küste waren Sperrgebiet. Manche Menschen lebten in Hörweite der Ostsee, durften den Strand jedoch nie sehen, geschweige denn betreten. Das möchte man sich gar nicht vorstellen, wenn man ein

Grillenzirpen, Wind in den Bäumen und Meeresrauschen: das ist der Sound der westlichsten Strände von Meck-Pomm (links außen). Im Sommer pendelt die Fähre im Zehnminutentakt zwischen Travemünde und dem Priwall.

kurzes Stück die Straße hinauf links auf den asphaltierten Ostseeradweg einbiegt. Dafür ist die Bilderbuchlandschaft einfach zu schön.

In ihrer wilden Ursprünglichkeit ist die Gegend ganz typisch für Mecklenburg-Vorpommern. Kein Kiosk, kein Hotel, keine öffentlichen Toiletten, kein Irgendwas. Nur ein Weg zwischen Naturschutzgebiet und einem schmalen Baumstreifen, hinter dem die Ostsee rauscht. Gerade gemütlich radelt es sich nicht. Es geht ganz schön Auf und Ab im Klützer Winkel. Aber jede Steigung belohnt mit einem weiteren Traumblick. Wer 30 Kilometer ins beliebte Seebad Boltenhagen fährt, weiß auf dem Rückweg definitiv, was er getan hat. Wer 53 Kilometer bis nach Wismar anpeilt, muss schon ordentlich trainiert sein. Vielleicht macht sich aber das größte Geschenk, wer sich gerade einmal 13 Kilometer vornimmt. Dann kann man über eine lange Lindenallee zum Schloss Groß Schwansee rollen und nach einer herrlichen Pause ganz langsam zurücktrudeln (www.schwansee.de). Denn man hat ja so viele wunderbare Strandzugänge auf dem Hinweg entdeckt, wo selbst im August nur Schwäne auf den Wellen tanzen. Und die lassen sich nun in aller Ruhe erkunden, während drüben in Travemünde Ölsardinenfeeling herrscht.

> **FAZIT: NICHTS MUSS – ALLES KANN. AUF DER RADTOUR VON TRAVEMÜNDE IN DEN WILDEN OSTEN BLEIBT MAN AM BESTEN FLEXIBEL. BEI STARKEM WIND SIND ABSTECHER INS LANDESINNERE EINE SUPER ALTERNATIVE ZUR TOUR AM MEERESSAUM.**

**Hin & Weg:** Von Lübeck aus geht alle 30 Min. ein Zug zum Travemünder Strandbahnhof.

**Beste Zeit:** In den Sommermonaten – bei Windstille. Fährfahrzeiten unter www.sv-luebeck.de

**Dauer & Strecke:** So lang und weit es Spaß bringt.

**Ausrüstung:** Fahrrad, Wasserflasche.

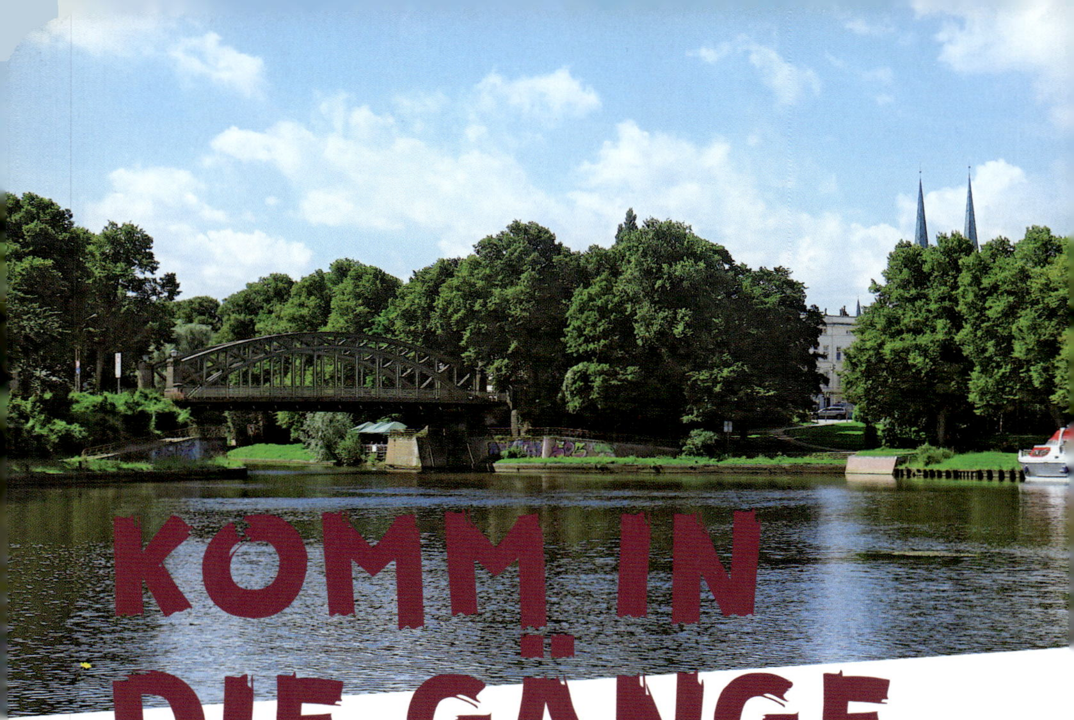

# KOMM IN DIE GÄNGE

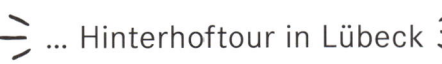

… Hinterhoftour in Lübeck

#33

*Holstentor und Hanse, Backsteinpracht und Buddenbrooks, weltbestes Marzipan und Nobelpreisträger. Um nur mal einige kulturelle Kracher zu nennen, die Reisende aus aller Welt nach Lübeck ziehen. Aber die schöne Hansestadt ist noch viel mehr – unter anderem ein einziges Freiluftvergnügen.*



#grünesLübeck #Hinterhofidylle #Flussbadeanstalt #BotanischerGarten

Der Hinterhof liegt zur Hälfte im Schatten. Die weiße Bank und der Holztisch unter dem rosenumrankten Sprossenfenster sind jedoch in Licht getaucht. Zwei Weingläser mit Rotweinspuren, eine halb abgebrannte Kerze in einem Messingständer und eine Schachtel Streichhölzer erinnern daran, dass hier Menschen leben. Sonst könnte man die Szenerie auch mit einem Gemälde verwechseln. Einem uralten oder einem modernen. Auf Lübecks Altstadtinsel mit ihren 1800 historischen Gebäuden verschwimmen die Perspektiven. Für Reisende aus aller Welt ist die Hanse-stadt ein wunderbares Kunstwerk. Lübecker selbst wünschten sich bei aller Gastfreundlichkeit manchmal mehr Fingerspitzengefühl, wenn Besucher, die »Stadt hinter der Stadt« erkunden. Früher lebten in einem klaustrophobischen Gewirr aus Hinterhäusern, Behelfsbuden und Remisen diejenigen, die sich die prachtvollen Vorderhäuser nicht leisten konnten. Heute sind die Hinterhöfe vielfach idyllische Paradiese. Liebevoll restauriert und herrlich begrünt. In das einstige Schattenreich führen Gänge und schmale Portale, manche nicht einmal mannshoch. Es heißt, die einzige

Bauvorschrift habe darin bestanden, dass ein Sarg durch den Gang passen musste. Aber das ist vielleicht ein Märchen.

100 Gänge sind noch erhalten. Die meisten stehen Besuchern offen. Einen guten Querschnitt unterschiedlicher Höfe hat die Touristeninformation im Stadtspaziergang Lübeck Zeitreise zusammengestellt (nur als PDF erhältlich). Eine Anwohnerin erzählt von Touristen, die sich mir nichts dir nichts auf private Gartenmöbel setzen, die Kamera auf offene Fenster richten oder sogar klingeln. Am liebsten seien ihr die, die nur freundlich nicken – und dann weitergehen. Weitergehen ist in Lübeck ohnehin eine gute Idee. Wer am Holstentor beginnt und den Rundgang so abändert, dass die Füchtlingshöfe und Glandorpsgang am Ende dran sind, gelangt gleich zu einem weiteren Freiluftvergnügen. Am Ende der Glockengießerstraße führt eine Fußgängerbrücke zum Botanischen Garten. 1913 als Lehrgarten für Schulkinder angelegt, steht er heute unter Denkmalschutz. Ein fast unwirklich romantischer Ort mit Bauerngarten, Senkgarten, Nutzgarten, Feuchtbiotopen, Alpinum und anderen gärtnerischen Besonderheiten. Gleich beim rückwärtigen Ausgang lockt das historische Naturbad Falkenwiese. Geschwommen wird in der Wakenitz, dem zweiten Fluss, der Lübeck umarmt.

Von hier ist es nicht weit zum Stadtspaziergang Lübeck Grasgrün. Für den braucht es im Grunde keinen Plan. Es geht einfach immer an den Wallanlagen entlang, die sich in einem Halbrund um die Stadt ziehen. Und am Ende steht man wieder vorm Holstentor.

Die Lübecker Altstadt ist das größte deutsche Flächendenkmal des Unesco-Welterbes und rundherum von Wasser umgeben.

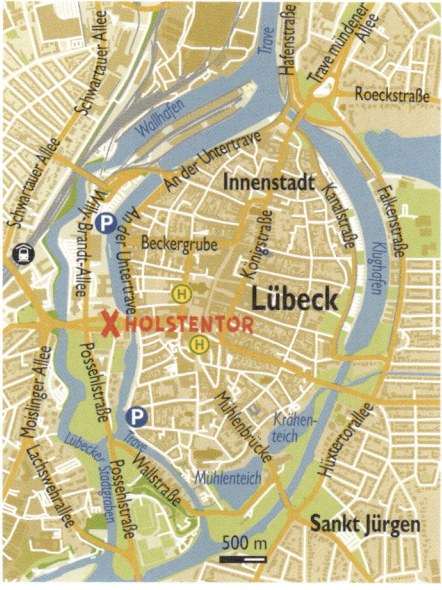

**Hin & Weg:** Der Lübecker Bahnhof liegt in Laufweite von Touristinfo (Holstentorplatz 1) und Holstentor.

**Beste Zeit:** Frühjahr–Spätsommer.

**Dauer:** Hinterhoftour 90 Min., Wallanlagentour 60 Min. – ohne Pausen, jeweils 4,5–6 km zu Fuß – je nach Schlenkern.

**Ausrüstung:** Pläne für die Stadtspaziergänge gibt's zum Download unter www.luebeck-tourismus.de (Menü: Erkunden – Stadtführungen-Rundfahrten – Stadtspaziergänge). Außerdem Badesachen.

# HEUTE WIE HERZOGS

*... Lustwandeln in Schleswig*

**#34**

*Im 17. Jahrhundert war der Gottorfer Barockgarten ein exklusives Vergnügen für herzogliche Gäste. Heute darf jeder auf den berühmten Terrassen wandeln – und das sogar kostenfrei. Wer über die Schlossinsel anreist, wird zudem noch mit Perlen norddeutscher Kunst, Architektur und Natur beschenkt.*

Die Kleine Kaskade mit Tempel markiert den Eingang zum Neuwerkgarten. Er gilt als erster barocker Terrassengarten nördlich der Alpen.

Es gibt Dinge, die passen so perfekt zusammen, dass man meint, sie seien füreinander geschaffen. Beispielsweise: ein freier Tag, wunderbares Spätsommerwetter und Schloss Gottorf auf der Schleswiger Schlossinsel.

Seit der ersten Erwähnung um 1600 erfuhr es mehrere Umbauten und Erweiterungen. Heute empfängt den Besucher jenseits des Damms ein strahlend weißes Barockschloss, umgeben von wunderschönen Grünanlagen, umspielt von den äußersten Ausläufern der Schlei. Gleich zwei Spitzenmuseen haben hier Heimat gefunden. Das Archäologische Landesmuseum und das Landesmuseum für Kunst und Kulturgeschichte.

Rund um den prächtigen Bau und die liebevoll restaurierten Nebengebäude präsentiert der Skulpturenpark einen Querschnitt norddeutscher Bildhauerkunst vom Ende des 19. Jahrhunderts bis heute. Mehr als 50 Kunstwerke finden sich über das Gelände verstreut, manche geradezu versteckt, sodass es sich lohnt, jeden Winkel zu durchstreifen.

Von der Schlossinsel führt der Gottorfer Gartenpfad über elf Infostationen durch drei Jahrhunderte Gartengeschichte. Entlang der Schlossallee zeigt sich die ohnehin romantische Schlei als märchenhafte Schilflandschaft. Zwei dickmäulige Fische am unteren Ende einer Kaskade markieren den Eingang zur ersten barocken Gartenanlage Mitteleuropas.

Die untere der sechs Terrassen wird von einem Wasserbecken dominiert. In seiner Mitte kämpft ein kolossaler Herkules mit einem

Im Barockgarten trifft uralte Gartenbaukunst auf moderne Bildhauerkunst.

siebenköpfigen Drachen. Die wuchtige Statue ist eine Replik – genau wie das berühmte Globushaus oberhalb des Herkulesteichs. In der Rekonstruktion des Riesenglobus, der 1651 als erstes Planetarium der Welt galt, können bis zu zehn Personen von einer umlaufenden Bank den Lauf der Sterne beobachten (Eintritt sieben Euro).

Das Original steht seit vielen Hundert Jahren in Sankt Petersburg. Wer wissen will, warum und wer sich überhaupt für die wechselvolle Geschichte des Gartens interessiert, dem sei der Audioguide empfohlen (gegen Gebühr; im Eintritt des Globushauses bereits enthalten). Genauso gut lässt sich die Anlage aber auch einfach nur genießen.

FAZIT: PRÄDIKAT UNBEDINGT SEHENSWERT. WER MEHR PROGRAMM AUF EINEM TAGESAUSFLUG BRAUCHT, SPAZIERT IM ANSCHLUSS VON DER SCHLOSSINSEL IMMER AN DER SCHLEI ENTLANG ZUR ZUCKERSÜSSEN FISCHERSIEDLUNG HOLM.

**Hin & Weg:** Von Flensburg, Husum, Kiel und Neumünster aus ist Schleswig per Bahn zu erreichen.

**Beste Zeit:** Frühjahr–Spätsommer.

**Dauer:** 3 Std. ohne Museumsbesuch, mit min. 1 Tag.

**Ausrüstung:** Der Audioguide zum Barockgarten lohnt sich.

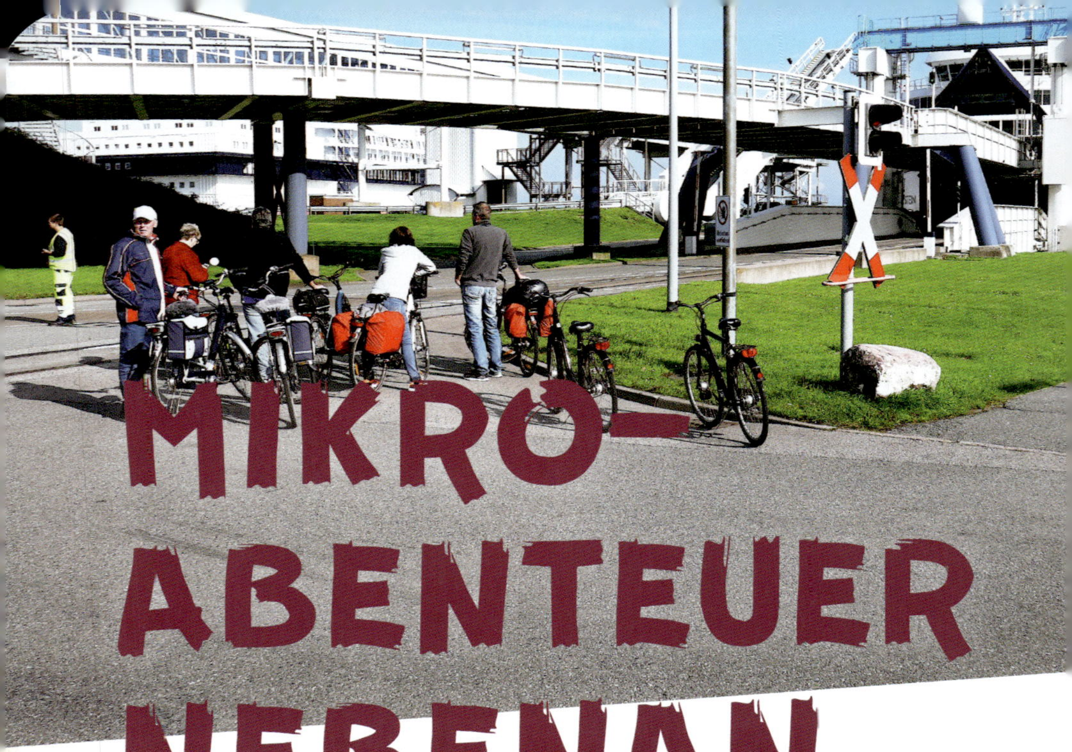

# MIKRO-ABENTEUER NEBENAN

… mit dem Rad rüber nach Rødby

#35

*Zu einem Fehmarn-Trip gehört unbedingt ein Besuch bei den dänischen Nachbarn drüben auf Lolland. Diese Radwanderung auf die viertgrößte dänische Insel entspricht nämlich exakt der Definition eines Mikroabenteuers. Sie ist easy, günstig, etwas aufregend und macht unheimlich glücklich.*



#HejHejliebeNachbarn #SchiffsreiseRadtourWanderung #Vogelreservat

Der Leuchtturm auf Hyllekrog ist nur zu Fuß zu erreichen. Die Halbinsel steht unter Naturschutz.

Ein wenig verloren wirken die vereinzelten Radfahrer schon, wie sie da zwischen Autos, Wohnmobilen und LKWs von einer Spur zur nächsten dirigiert werden. Doch es hat wohl alles seine Ordnung. Am Ende warten die Radler seitlich der »Prins Richard« gemeinsam auf das Ende der Blechlawine, die im Bauch der Fähre verschwindet. Dann heißt es, dem letzten Vierzigtonner folgen und einen Stellplatz finden, irgendwo: Fahrräder werden auf der Überfahrt von Puttgarden nach Rødby zusammen mit den LKWs aufs unterste Deck verfrachtet.

45 Minuten dauert die Fahrt über den Fehmarnbelt. Die Schiffsreise über die 18 Kilometer breite Wasserstraße zwischen den Inseln Fehmarn und Lolland ist für sich genommen schon die sechs Euro für das Tagesticket wert. Cafés, Duty-Free-Shops, Innen- und Sonnendecks lassen die Zeit zu schnell vergehen. Aber so ist das ja immer in Dänemark.

Auf Lolland angekommen, warten die Radfahrer, bis die Fähre sich geleert hat. Als Letzte radeln sie von Bord, an den Zollanlagen vor-

bei auf eine Autobrücke. Dort zerstreut sich die kleine Gemeinschaft. Die meisten zieht es hier immer nach links Richtung Rødby. Umso besser für diejenigen, die auf dem Radweg 38 kurz hinter der Brücke rechts wieder zum Meer steuern. Sie haben die Herrlichkeit für sich allein. Ein hölzerner Aussichtsturm entpuppt sich als Infostand der festen Fehmarnbelt-Querung.

Der Bau eines Tunnels mit Schienen- und Straßenanbindung wird schon seit 1989 kontrovers diskutiert. Wie sich die Landschaft durch das Megaprojekt verändern wird, ist auf den Infotafeln nicht ersichtlich. Doch unberührt wird sie wohl nicht bleiben.

Wer heute auf der Deichkrone radelt, sieht elf Kilometer lang nichts als die Ostsee,

kleine Strände, Felder, Wiesen und zwei Sommerhausgebiete. Beim zweiten knickt der Radweg ab zum Vogelreservat Saksfjed-Hyllekrog. Hier müssen die Räder zurückgelassen werden. Nur Fußgänger dürfen über die lange, schmale Landzunge zum Leuchtturm spazieren. Und auch denen ist es nur zwischen Mitte Juli und Ende Februar erlaubt. Zur Brutzeit gehört dieses Naturschätzchen allein den Vögeln.

Fünf Kilometer lang und an einigen Stellen nur wenige Meter breit zieht sich Hyllekrog in die Ostsee. Es ist ein Ort, um alles andere zu vergessen. Auch die Zeit  Die spielt bei einem Tagesausflug nach Lolland sowieso keine Rolle. Die Fähren pendeln rund um die Uhr im 30-Minuten-Takt von Deutschland nach Dänemark und wieder zurück.

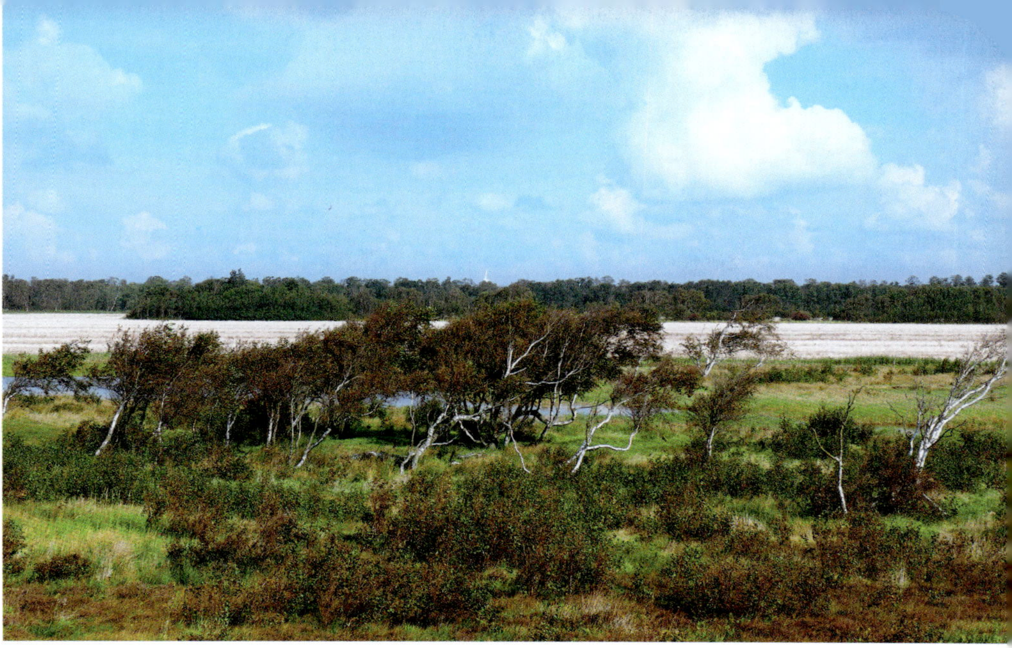

Wenn es im Hochsommer voll wird an der deutschen Ostseeküste, kann man drüben in Dänemark noch immer stundenlang für sich sein.

**FAZIT: AUFREGENDE ANREISE MIT DEM SCHIFF. HERRLICHE RADTOUR AUF DEM DEICH. BEEINDRUCKENDE NATUR IM RESERVAT. DÄNEMARK MACHT EINFACH GLÜCKLICH. VERPFLEGUNG MUSS MAN ALLERDINGS SELBST MITBRINGEN.**

Hin & Weg: Puttgarden ist per Zug zu erreichen; der netteste Fahrradverleih der Welt sitzt praktischerweise auch dort: www.2rad-freund.de

Beste Zeit: Mitte Juli – Ende Februar. Fährzeiten unter www.scandlines.de

Dauer & Strecke: Mind. 6 Std. und 11 km mit dem Rad bis zum Naturschutzgebiet, 5 km zu Fuß bis zur äußersten Halbinselspitze.

Ausrüstung: Ausweis, Fernglas, Verpflegung, Badesachen.

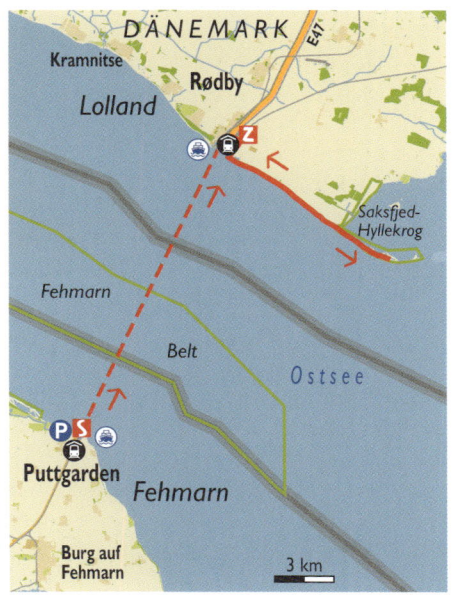

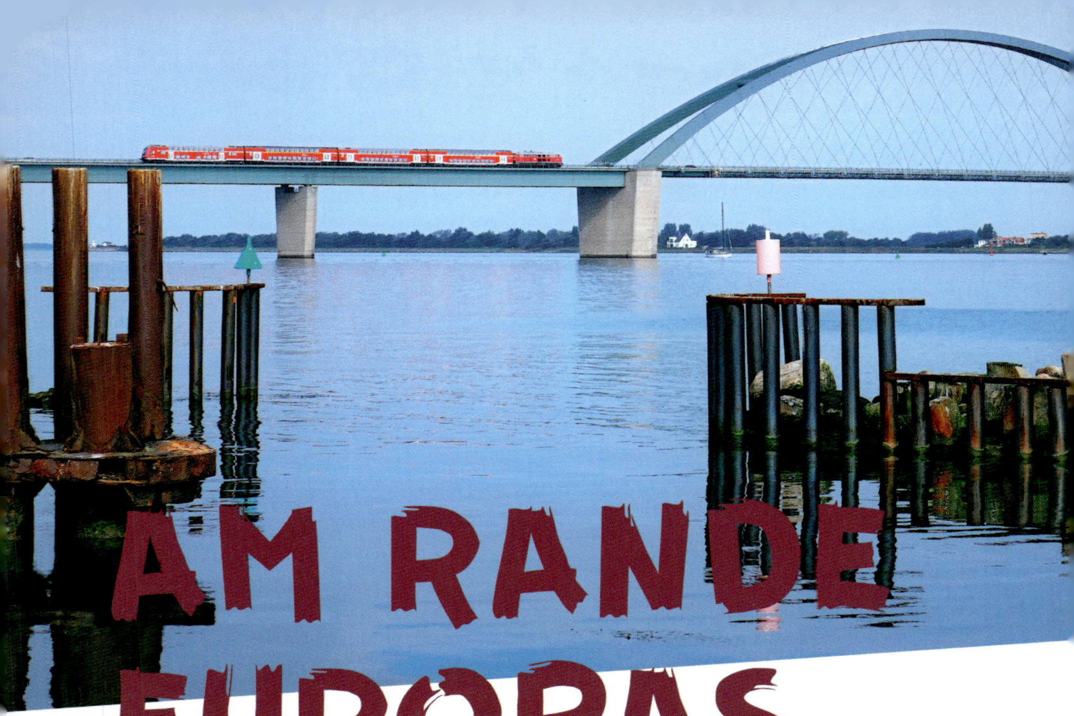

# AM RANDE EUROPAS

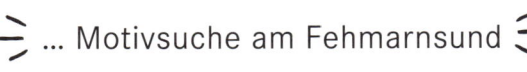

## … Motivsuche am Fehmarnsund

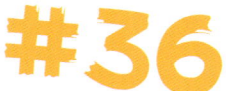

**#36**

*Die Fehmarnsundbrücke ist eines der beliebtesten Fotomotive der Ostseeküste. Das Wahrzeichen Schleswig-Holsteins spannt sich 963 Meter vom Festland auf die Insel und steht unter Denkmalschutz. Wer sie aus jeder Perspektive ablichten möchte, mag dafür einen ganzen Tag benötigen.*

#Fotosafari #Perspektivwechsel #drüberdrunter&durch

Heinrichsruh gilt am Sund als Spot mit der höchsten Robbensichtungswahrscheinlichkeit.

Angler haben es sich auf dem Damm gemütlich gemacht. Besucher bewundern die Brücke über den Fehmarnsund, betätigen zum x-ten Mal den Auslöser der Kamera. Irgendwo hinten am Jachthafen turnen Segler über die Boote. Ganz klar: früher war mehr los in Großerbroderfähre. Noch in den 1960er-Jahren setzte man von hier über auf Schleswig-Holsteins einzige Ostseeinsel: Fehmarn – der sechste Kontinent, wie Insulaner sagen. Das Festland ist für sie Europa.

Wer die äußerste Ecke »Europas« erkunden möchte, muss immer wieder Umwege gehen oder umkehren, weil beinahe alle Pfade am Wasser oder im Nirgendwo enden. Aber es lohnt sich, über die äußerste Spitze der Halbinsel Wagrien zu stromern. Zum Beispiel von Großenbroderfähre am Strand entlang nach Heinrichsruh. Dort sollen sich bisweilen Seehunde auf gewaltigen Findlingen sonnen. Aber auch wenn nur Wasservögel ein Stelldichein geben, sind Ruhe und fabelhafte Ausblicke

allemal den halbstündigen Spaziergang wert. Unter einer Bank oberhalb einer kleinen Holztreppe stapeln sich beschriftete Steine. »Luka war mit Oma hier«, ist zu lesen. »Wiebke mit Andy und Pimo.« Da sind Steine, die an Verstorbene erinnern, und solche, die das Leben meinen. »Einfach nur die Seele baumeln lassen«, steht auf einem. Dafür scheint dieser Ort gemacht. Ein Stichweg führt am Ferienhof Heinrichsruh vorbei zurück zur Straße. Der blaue Pfeil auf dem Asphalt ist das Zeichen des Sundlaufs. Er leitet zunächst nach links und kurz darauf rechter Hand querfeldein Richtung Brücke, dann unter ihr hindurch. Wer sie erklimmen möchte, läuft an der Westseite einen guten Kilometer parallel zur Bundesstraße. Dort jagen die Autos zur Brücke hinauf, als befänden sie sich noch auf der Autobahn. Etwa wo der Königsweg zum Strand

abknickt, befindet sich ein Zugang zum kombinierten Rad-/Fußweg über die Brücke. Es kann durchaus eng werden, 23 Meter über dem Meer. Vom Zugang auf dem Festland bis zum Abgang auf Fehmarn sind es etwa zweieinhalb Kilometer.

Auf der Insel selbst lässt sich selbstverständlich auch herrlich wandern. Etwa zum kleinen Leuchtturm Stukkamphuk. Doch das ist eine Frage von Kondition und Zeit. Denn auf dem Festland wartet noch der westliche Strand. Das Wasser ist hier sehr flach; unwiderstehlich für Hunde, Kiter und ganz kleine Kinder. Visuelle Menschen lassen sich ein letztes Mal von der Fehmarnsundbrücke bezaubern, von der Insel und vom Farbenspiel der Ostsee, die hier mal blau, mal grün, mal strahlend aquamarin leuchtet.

Der Naturstrand von Orthfeld kommt ganz ohne Strandkorbvermietung und Pommesbuden aus und gilt als schönster Platz der Gegend, um den Sonnenuntergang zu bewundern.

**FAZIT: WER SICH STUNDEN FÜR NUR EIN MOTIV NIMMT, ERFREUT SICH AM ERGEBNIS WIE DIE ALLERERSTEN FOTOGRAFEN. DIE SPOTS KÖNNEN (TEILWEISE) AUCH MIT RAD ODER AUTO ANGEFAHREN WERDEN.**

**Hin & Weg:** Parkplätze gibt's in Großenbroderfähre und Orthfeld.

**Beste Zeit:** Ganzjährig – aber nicht bei Regen.

**Dauer & Strecke:** Variabel in Zeit und Raum. Z.B. ca. 8 km zu Fuß von Großenbroderfähre über Heinrichsruh nach Orthfeld oder 6 km von ebendort über die Brücke zum kleinen Leuchtturm Stukkamphuk auf Fehmarn (jeweils einfache Strecke).

**Ausrüstung:** Kamera, Lunchpaket (keine Einkehrmöglichkeiten).

# WENN DER WIND WEHT

⤜ ... Drachensteigen in Großenbrode ⤛

## #37

Zwischen Anfang September und Ende Oktober findet an beinahe jedem Wochenende in irgendeinem Seebad ein Drachenfestival statt. Zwar geht Drachensteigen überall und immer. Aber nirgends so stimmungsvoll wie am Meer, wenn der Herbstwind über leere Strände saust. Betonung auf: wenn.

In China wurden Drachen schon vor 2500 Jahren in den Himmel geschickt – als Symbol für die Macht des Kaisers. In Großenbrode symbolisieren sie reine Lebensfreude.

Ein irrwitzig langer Lindwurm schaukelt träge auf der ruhigen Ostsee seitlich der Seebrücke von Großenbrode. Neu hinzukommende Festivalbesucher reiben sich für einen Schockmoment die Augen: Keine Wolke trübt den Himmel. Die Sonne strahlt. Es ist heiß. Das hatte man sich irgendwie anders vorgestellt. Immerhin beginnt in drei Tagen offiziell der Herbst. Das ist mal wieder typisch. Egal, was ansteht, das Wetter spielt nicht mit.

Da hilft nur ein Schulterzucken. Jacken, Schuhe, Strümpfe fliegen in den Sand. Hosen und Hemdsärmel werden hochgekrempelt. Wer wird sich von einem unverhofften Spätsommereinbruch schon die Laune verderben lassen? Zumal es ja bei schwierigen Bedingungen gerade spannend ist, den Profis zuzuschauen. Die bugsieren ihre Glücksdrachen schon bei dem leisesten Hauch in die Luft. Wie sie das anstellen, erschließt sich durchs reine Zuschauen nicht. Doch man darf die Experten gern fragen. Wer Drachen steigen lässt, hat in der Regel eine Fähigkeit zur Freude bewahrt, wie man sie sonst nur bei Kindern findet. Und so erteilen sie gern Auskunft, welcher Drache für einen selbst der Beste wäre. Einleiner oder Zweileiner? Figürlich oder klassische Rautenform? Selbst gebastelt oder gekauft? Papier oder Stoff? Papierdrachen etwa können schon nach dem ersten Absturz unwiederbringlich zerstört sein. Stoffdrachen hingegen halten bei guter Pflege jahrelang. Und falls man irgendwo noch eine Mülltüte aus den Neunzigern rumfliegen hat: ideal! Damit ist Drachenbauen kinderleicht.

Und wenn schon auf sonst nichts, kann man sich doch zumindest auf dies verlassen: Auch

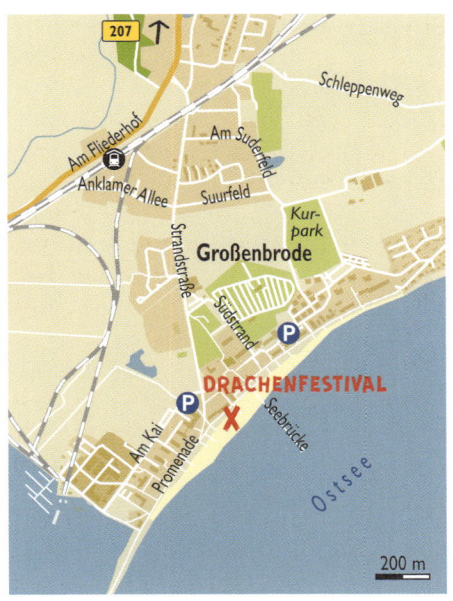

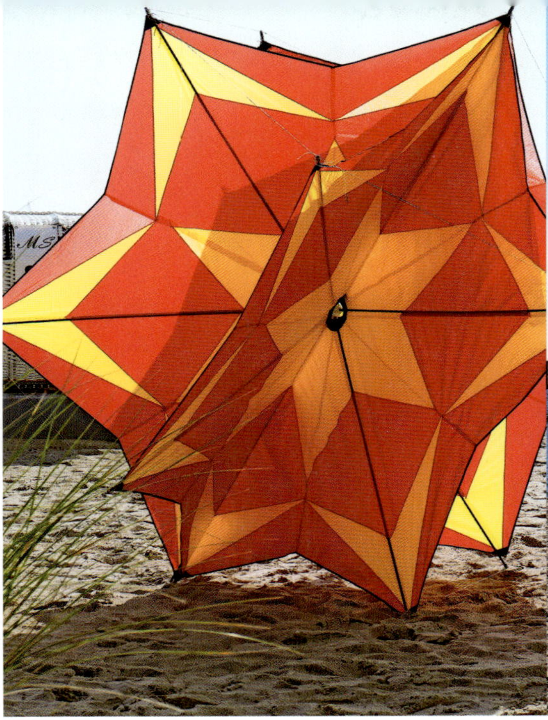

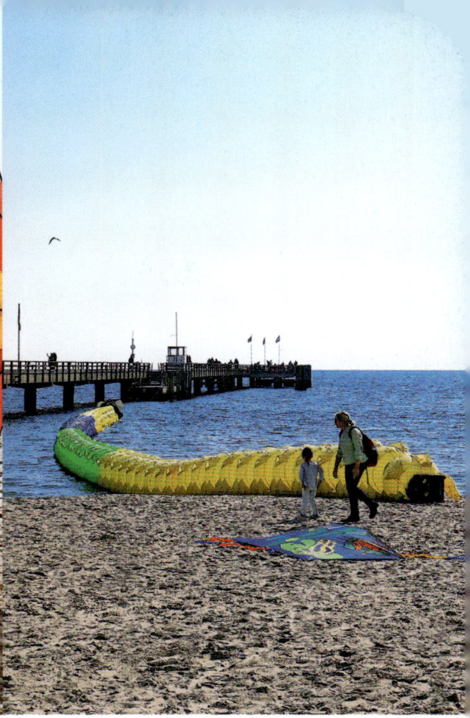

in diesem Herbst wird früher oder später ein Sturm über den Strand fegen. Und Platz schaffen für viele bunte Drachen in allen Variationen.

**FAZIT: NEBEN SPEKTAKULÄREN HIMMELSOBJEKTEN GEHÖRT OFT KOLLEKTIVES DRACHENBASTELN ZUM FESTIVALPROGRAMM.**

---

**Hin & Weg:** Am besten den Großparkplatz am Strand in Großbrode ansteuern.

**Beste Zeit:** Herbst. Für mehr Informationen »Drachenfestival Schleswig-Holstein« in die Suchmaschine des Vertrauens eingeben.

**Dauer:** Einige Stunden.

**Ausrüstung:** Drachen, wer hat.

---

# ZURÜCK IN DIE VERGANGENHEIT

⋛ ... durch das Tal der Langballigau ⋚

*Zwischen dem Hafen von Langballigau mit seiner maximal dänischen Atmosphäre und dem romantischen Landschaftsmuseum Unewatt scheinen Welten zu liegen. Doch es ist nur eines der reizvollsten Bachtäler der Ostseeküste, tief eingeschnitten in eine Grundmoräne. Das Tal der Langballigau.*

Auch wenn es nach Regenfällen bei der kleinsten Steigung glitschig wird, Wanderschuhe wären im Herbst auch nicht das Richtige auf dieser Wanderung. Beim Start am Strand von Langballigau merkt man es vielleicht noch nicht, und auch nicht, wenn die Beschilderung jenseits des Hafens in ein Schilfmeer führt. Denn hier spaziert man auf Bohlenwegen. Doch sobald der Wald erreicht ist, quietscht und quatscht der Boden im ohnehin sumpfigen Quellbereich der Langballigau und ihrer Nebenbäche unter jedem Schritt. Da eignen sich Gummistiefel besser.

Bis weit in den Herbst können die mächtigen Buchen, Erlen und Eschen locker als Sommerwald durchgehen, wenn man nicht allzu genau hinschaut. Nur die Stille zwischen den dicht bewaldeten Hängen flüstert vom Oktober. Die

Singvögel sind fort. Die Mücken vermutlich verstorben. Umso munterer plätschert die Langballigau unter einer kleinen Holzbrücke hindurch.

Zwei Pfade führen jenseits der Brücke in dichten Wald hinauf. Der erste ist gefühlsmäßig der Richtige. Der Untergrund sieht fester aus. Doch der zweite trägt einen Wegweiser. »Ganz egal«, versichern ortskundige Wanderer. »Die Wege sind etwa gleich lang und gleich schön.«

Der knapp zehn Kilometer lange Rundweg durch das unter Naturschutz stehende Tal der Langballigau verläuft als schmale Ellipse. Viel falsch machen kann man da nicht, auch wenn man versehentlich auf einen Seitenweg gerät. Hohe Hänge und die Au selbst leiten immer wieder in die richtige Richtung. Ein erster Hof mit

Die Langballigau rauscht durch ein reizendes Bachtal zum gleichnamigen Hafen und Strand.

ziselierter Holzveranda kündigt Unewatt an. Es ist nicht nur ein besonders verträumtes Dorf unter den ohnehin zauberhaften Dörfern Angelns sondern gleichzeitig ein Landschaftsmuseum. Schilder weisen zu Museumsinseln; der Buttermühle, dem Marxenhof, der Alten Räucherei oder der Windmühle Fortuna. Dort dokumentieren Ausstellungen das Leben und Arbeiten in vergangenen Zeiten. In der Dorfmitte rauscht die Langballigau über Steinkaskaden, duften in einem verwunschenen Garten herabgefallene Äpfel so intensiv, dass man sich in die Kindheit zurückversetzt fühlt. Und im Landhaus Unewatt (www.landhaus-unewatt.de) schmelzen selbst verwöhnte Gourmets dahin.

Tipp: Wer am Ende gehoben speisen mag, startet und endet in Unewatt. Reicht ein Fischbrötchen, sind die Bistros und Buden im Seglerhafen von Langballigau ideal.

**FAZIT: HAFEN UND STRAND, BERG UND TAL, DORF UND KULTUR — WUNDERVOLL!**

**Hin & Weg:** Parkplätze gibt's sowohl in Langballigau als auch in Unewatt.

**Beste Zeit:** Frühjahr und Herbst.

**Dauer & Strecke:** Je eine gute Stunde für Hafen, Wanderung, Museum, Speisen. Mindestens. 10 km zu Fuß.

**Ausrüstung:** Gummistiefel, falls es zuvor geregnet hat.

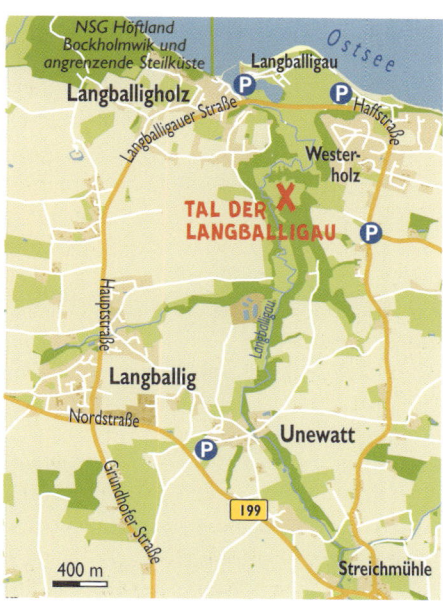

# PROME-NADEN-MISCHUNG

≷ ... in der Lübecker Bucht ≶

## #39

*Im Winter ist nichts los an der Ostsee? Von wegen. Dies- und jenseits von Timmendorfer Strand herrscht immer Saison. Selbst bei miesestem Wetter spaziert es sich zwischen den Badeorten Niendorf und Sierksdorf wie auf einer einzigen langen Promenade.*

Wenn die Farben im Winter sanfter werden und die Strände leerer, wirkt die Lübecker Bucht wie mit einem Instagram-Filter geschönt.

Kilometer null, Strandstraße, Niendorf: Was ist erholsamer als dick eingemummelt auf einer Seebrücke in die Ostsee hinauszumarschieren und winterliche Meeresluft einzuatmen? Gut, dass dieser Spaziergang gleich fünf Seebrücken bietet. Die von Niendorf hat die Form eines Fisches und ermöglicht einen herrlichen Blick auf die Bucht. Vorbei an Kapitäns- und Logierhäusern geht es über die Promenade zum Hafen. Kurz dahinter beginnt ein Bohlenweg. Was ist herrlicher als Bohlenwege, die sich durch Dünen schlängeln und der Duft von Kiefern?

Kilometer drei, Strandallee Timmendorfer Strand: Wer im Restaurant Wolkenlos an der Spitze der Seeschlösschenbrücke auf dem Rückweg einkehren möchte, sollte jetzt schon einmal reservieren. Die asiatische Pagode mit

Traumblick und eingelassenen Glasböden ist eine der beliebtesten Adressen im beliebtesten aller Ostseebäder. Selbst im Winter.

Kilometer vier: Dass es kein schlechtes Wetter gibt, sehen Surfer anders. Der Wind sollte schon schön aus Ost/Nordost pusten, damit die Wellen so richtig an die »Timme« krachen. Längst hat sich auch unter Spaziergängern herumgesprochen, dass die Maritim-Seebrücke am Timmendorfer Strand zu einem der meistgefeierten Spots der Wellenreiterszene gehört.

Kilometer sieben, Strandallee, Scharbeutz: An schönen Tagen hat der Wettermann im Radio das Wort Sonne noch nicht einmal ausgesprochen, da stoßen auf der Dünenmeile schon die ersten Hamburger im Café Wichtig mit Prosecco an; ganz ohne obligatorischen Spa-

Das Glück dieser Erde: Winterstrände und Pferde.

ziergang zuvor. Bei Schietwedder ist es im Ab-
leger des Timmendorfer Cafés Engels-Eck immerhin nicht brechend voll, sondern nur lustig
voll. Wer's nicht mag: Jenseits der Seebrücke
wird es nun deutlich einsamer.

Kilometer zehn, Strandallee, Haffkrug: Lässt
irgendetwas das Herz höher hüpfen als Hunde,
die ausgelassen über Sandbänke jagen? Allerdings. Nämlich Hunde, die sich mit Pferden
Wettrennen auf seichten Sandbänken liefern.
Von November bis Ende März gilt die Lübecker
Bucht als Urlaubsparadies für Pferde und Reiter. Schnell noch auf die letzte Seebrücke.

Kilometer zwölf, Am Strande, Sierksdorf: Was
ist schöner als Steilküsten am Meer? Vielleicht
noch ein Boot, das auf der Ostsee schaukelt.
Und diese Ruhe am Ende der Promenade.

> **FAZIT: ZWÖLF KILOMETER PLUS SCHLENKER
> UND SEEBRÜCKEN UND KEIN METER LANGE-
> WEILE. WENN EINEM 50 SHADES OF GREY
> ZUM HALS RAUSHÄNGEN, IST DIE TRUBELIGE
> LÜBECKER BUCHT EINE ABWECHSLUNG.**

**Hin & Weg:** Falls die Beine auf dem Rückweg
schwer werden: die Buslinie 5803 verbindet Haffkrug mit Niendorf.

**Beste Zeit:** Wintermonate; möglichst bei schlechtem Wetter.

**Dauer & Strecke:** ½–1 Tag und 12 km zu Fuß
(einfach).

**Ausrüstung:** Mütze, Handschuhe, Schal, Gummistiefel. Im Sommer Badesachen – aber dann ist es
zum Spazieren zu voll.

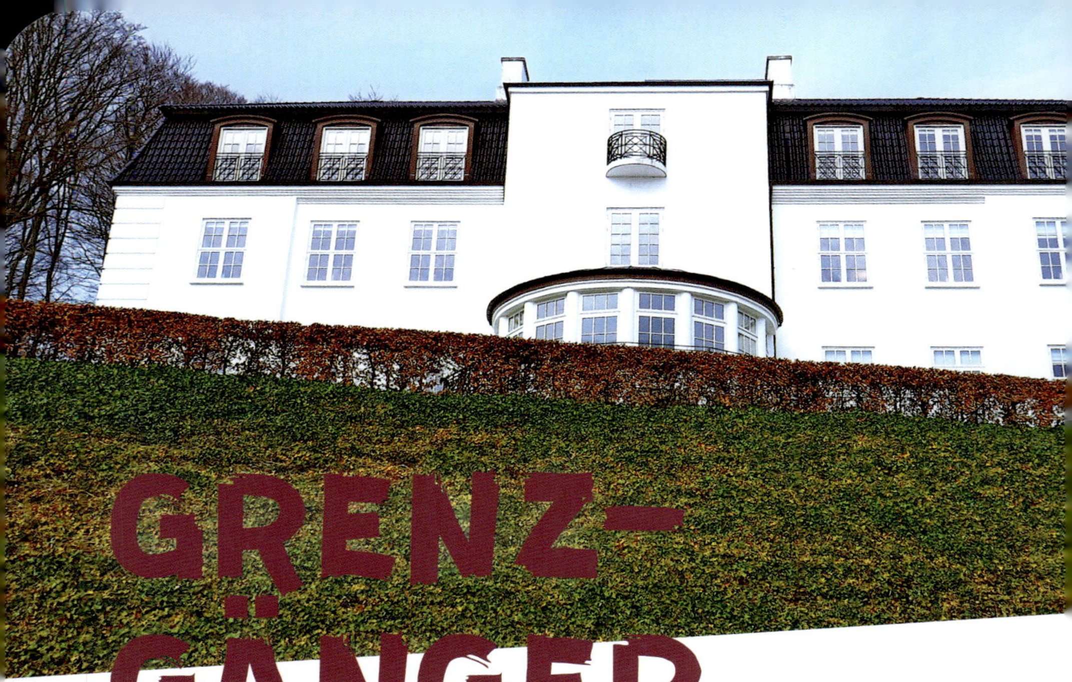

# GRENZ-GÄNGER

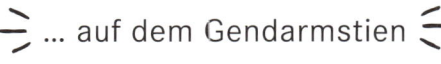

### ... auf dem Gendarmstien

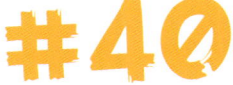

## #40

*Seinen Namen und das markante Wegzeichen verdankt der Gendarmstien den Grenzgendarmen, die hier einst Tag und Nacht Streife liefen. Jeder wohnte nahe »seiner Etappe«, die er so gut kannte, dass ihm nicht die kleinste Auffälligkeit entging. Alles in allem die besten Arbeitsplätze der Welt.*



#deutschdänischeGrenze #Gendarmenpfad #Wandern #fürAnnie

Der kleine Strand von Kollund menschenleer – das gibt es nur in der kalten Jahrezeit.

Moin. Hej. Hallo. An der Fußgängerbrücke des Grenzübergangs, von dem es heißt, es sei der kleinste Europas, ist von der Begrüßung selten auf die Nationalität der Spaziergänger zu schließen. Das ist in dieser Gegend auch nie so wichtig gewesen. Hier mischen sich Sprache, Lebensgefühl und Staatenzugehörigkeit seit jeher. Die Schusterkate hinter der Brücke ist das erste Haus auf dänischer Seite. Es liegt ein wenig abseits des Gendarmenpfads, der dem alten Grenzverlauf folgt und zu den beliebtesten Wanderwegen Dänemarks gehört.

Seinen Anfang nimmt der 74 Kilometer lange Gendarmstien landeinwärts in Padborg. Die ersten sieben Kilometer durch das Kruså-Tunneltal sind von Quellen und Anstiegen gekennzeichnet. Das brachte diesem Abschnitt den Beinamen »Berg-Etappe« ein. Dass die Landschaft rund um den Niehuuser See im Volksmund auch als Niehuuser Alpen bekannt ist, scheint dann aber doch etwas übertrieben. Es geht moderat zu an der deutsch-dänischen Grenze, einem Landstrich, der mal zu diesem, mal zu jenem Land gehörte. Der

Angler genießen die winterliche Ruhe und hoffen, dass eine Meerforelle anbeißt. Daneben: Der mit dem Schwan kuschelt.

Kollundwald etwa, obwohl jenseits der Schusterkate gelegen, gehörte noch bis vor wenigen Jahren zu Deutschland. Erst 2006 wurde er an zwei Dänen verkauft. Die bewirtschaften ihn sanft, sodass er noch immer genauso märchenhaft vor sich hinträumt wie 1876, als ein Herr Dr. Großheim das Geld zusammentrug, um ihn vor der Rodung zu retten. Ein Gedenkstein erinnert daran, dass Dr. Großheim das Gehölz der Stadt Flensburg schenkte, »zum ewigen Eigenthum mit parkähnlicher Bewirtschafthung«. Ewig sind im Grenzgebiet wohl nur die Wälder. Und die Bäche, die durch Schluchten zur Flensburger Förde gurgeln. Nach zwei Kilometern schimmert der Ruderclub von Kollund durch die blattlosen Bäume. An der Mole meditieren gern vereinzelte Angler. Das 1000-Seelen-Örtchen in den Herbst- und Wintermonaten ruhig zu nennen, wäre untertrieben. Still trifft es eher. Auf vornehme Art. Nicht umsonst besaßen wohlhabende Flensburger hier früher gern ein Sommerhaus.

Der Gendarmenpfad bietet am Ortsausgang zwei Varianten. Entweder über den höher gelegenen Osterskov oder ab Lille Strand direkt

**Hin & Weg:** Die Buslinie 1539 fährt vom Flensburger ZOB nach Padborg. Wer nur eine Strecke laufen mag, nimmt für den Rückweg die Linie 110 nach Krusau.

**Beste Zeit:** Im Sommer schöner, im Winter dafür ruhiger. Viel ruhiger.

**Dauer & Strecke:** Je 3 Std. reine Gehzeit für Hin- und Rückweg. 15 km zu Fuß.

**Ausrüstung:** Wanderschuhe are very welcome, im Sommer Badesachen.

Der Fjordvejen ist eine der schönsten Panoramastraßen an der Flensburger Förde.

an der Förde. Beide Varianten lohnen sich, auch wenn der Strandweg nach einer Weile auf die Hauptstraße führt, den Fjordvejen. Im Sommer ist die wunderschöne Panoramastraße mit der typisch skandinavischen Anmutung extrem beliebt bei Bikern und Ausflüglern. In der kalten Jahreshälfte: absolut nicht. Dafür kann man dann die Ochseninseln nicht besuchen (irgendwas ist ja immer). Sie liegen genau gegenüber von Annies Kiosk, wo im Sommer gut 1000 Hotdogs über den Tresen gehen. Annie selbst verstarb leider 2016, aber einmal hat sie eines ihrer weltbekannten Würstchen für Angela Merkel gebraten. Ob es ihr geschmeckt hat, ist nicht verbrieft. Aber mindestens an diesem Tag hatte sie den besten Arbeitsplatz der Welt.

Übrigens: Die Seite www.gendarmsti.dk klassifiziert die erste Etappe des Gendarmenwegs als »leichte Wanderung an der Grenze zu moderat«.

FAZIT: IM SOMMER KANN ES VOLL WERDEN. IM WINTER KALT. ABER IRGENDWAS IST JA IMMER.

# 3. KAPITEL
# MINIURLAUB

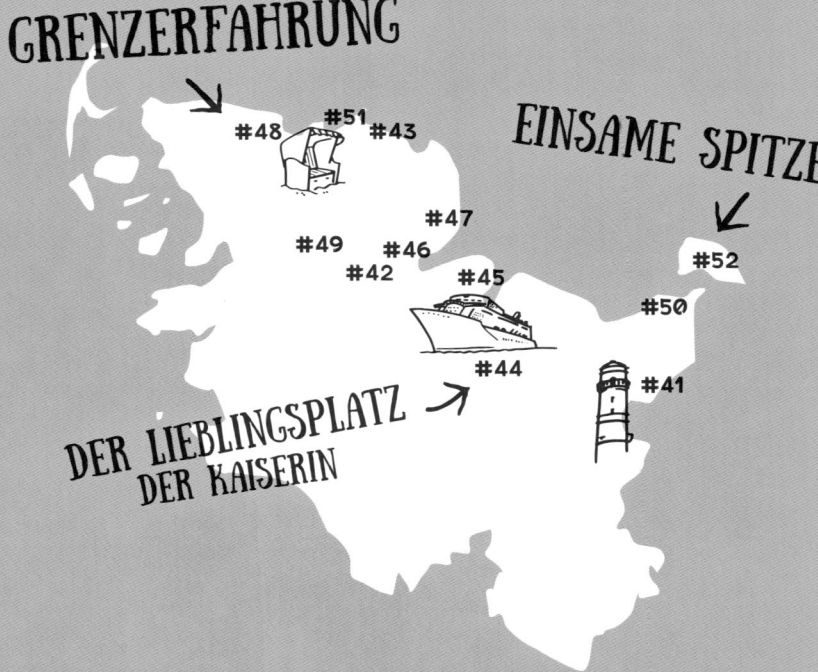

GRENZERFAHRUNG

#48 #51 #43

EINSAME SPITZE

#47

#49 #46

#42

#52

#45

#50

#44

#41

DER LIEBLINGSPLATZ
DER KAISERIN

## Ferien für ein Wochenende

*Verschwiegene Rückzugsorte, abenteuer-*
*liche Fernwanderwege, wunderschöne*
*Wasserparadiese – ein Wochenende kann*
*sich anfühlen wie ganz große Ferien.*

36 H

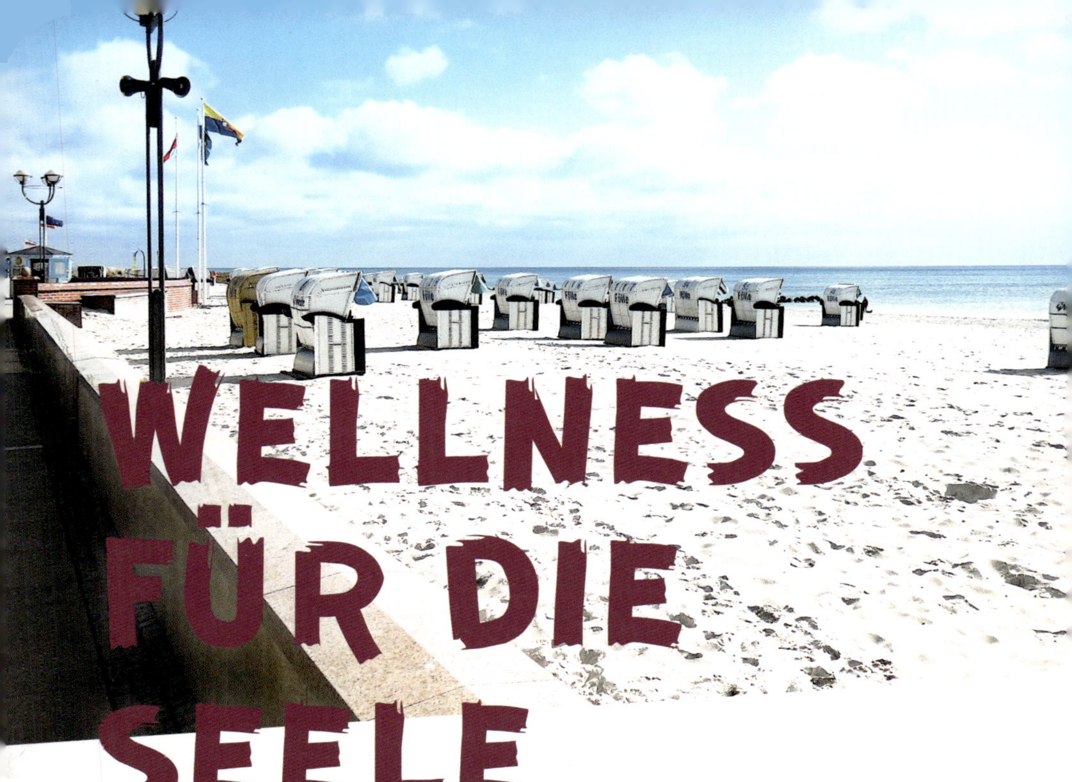

# WELLNESS FÜR DIE SEELE

## ... Ruhepause in Grömitz

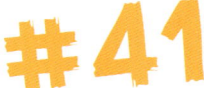

# #41

*Der Vorfrühling in Schleswig-Holstein und die Architektur von Grömitz sind nicht jedermanns Sache. Aber sie haben ihre Momente. Unschlagbare sogar, sagen echte Ostseefans. Die haben ja noch nie was auf jedermanns Meinung gegeben. Und Grömitz ist für sie nie schöner, als wenn es sich in Winterfarben kleidet.*



#LübeckerBucht #Vorfrühling #Winterfarben #EinStrandkorbistnochkeinFrühling

An einem windstillen Morgen im März, wenn die Ostsee federgrau schimmert und der Sand muschelweiß leuchtet, kann es passieren, dass Frühaufsteher den Strand von Grömitz vollkommen menschenleer vorfinden. Zwar zeugen zahlreiche Autos auf den zentralen Parkplätzen schon vom Näherrücken der Saison.

Doch selbst die Möwen stecken noch die Köpfe ins Gefieder; hübsch aufgereiht auf dem Geländer der Seebrücke, als hätte ein professioneller Erbsenzähler Hand angelegt. Wie er vermutlich auch für die schnurgerade ausgerichteten Strandkörbe sorgte.

Traditionell werden die geflochtenen Kultobjekte in Ostholstein erst am 1. April aus dem Winterlager geholt. Liegt Ostern jedoch früh und ist die Witterung günstig, gibt es schon einmal eine Ausnahmegenehmigung. Natürlich bedeuten sie noch längst keinen Frühling. Das müssen Vorfrühlingsreisende wissen. Im März zeigt die Ostsee ihr gesamtes Repertoire. Tagelanger Regen ist genauso wahrscheinlich wie heftige Stürme, Eiseskälte, dichter Nebel und alle Jubeljahre sogar Schnee. Daher ist es zu dieser Jahreszeit ratsam, den Kurzurlaub in allernächster Nähe eines Wellnesstempels zu verbringen. Einem mit warmen Blubberbädern und Saunalandschaften mit Blick aufs Meer. Nur zu Sicherheit.

Vielleicht erwartet einen aber auch dieser erste milde Morgen, an dem der Wind nicht mehr beißt, sondern streichelt; selbst am Ende der Seebrücke, 400 Meter jenseits des Strandes. Dann ließe sich die Küste hinauf ewig am Strand spazieren, ohne etwas anderes zu erreichen als verwaiste Campingplätze, einen Leuchtturm hier und da und ein weiteres Seebad, das gerade eben aus dem Winterschlaf erwacht. Den Strand hinunter sieht es ähnlich aus. Auch Abstecher ins Landesinnere sind Wellness für die Seele. Vielleicht gleich am folgenden Lensterstrand. Ein Jakobsweg führt ins Kloster- und Künstlerdorf Cismar. Dort wartet im Haus der Natur die größte Schnecken- und Muschelsammlung Deutschlands (www.hausdernatur.de). Vom Kloster selbst können im Winter nur die Außenanlagen besichtigt werden. Auf dem Rückweg bietet sich dann die Einkehr im Restaurant zur Düne an, das ganz auf nachhaltige Produkte aus der Region setzt (www.zurduene-groemitz.de). Ja, das könnte man alles machen. Oder man nimmt erst nochmal eine Weile Platz auf der

---

**Hin & Weg:** Mit dem Zug bis nach Oldenburg, von dort weiter mit der Buslinie 5601 (Haltestelle Strand / Wellenbad).

**Beste Zeit:** 2. Januarwoche – Ostern.

**Dauer:** Ein Wellnesswochenende lang.

**Ausrüstung:** Kleidung für jedes Wetter: Zwiebellook ist angesagt.

**Wenn es Nacht wird:** »Bademantelgang« heißt das Zauberwort in der kalten Jahreszeit. Zu finden zwischen dem Hotel A-ja-Grömitz und der Grömitzer Welle, mit verschiedenen Pools, Wellenbad, Saunen und pipapo. Mehr unter www.ajaresorts.de/standorte/groemitz

---

Ein Strandkorb macht noch keinen Frühling. Aber wen interessiert das schon, wenn sich Grömitz in eismöwengraues bis taubenblaues Licht hüllt?

Bank neben der Jules-Verne-artigen Tauchgondel und wartet. Denn wenn der Himmel aufreißt, die Ostsee zu glitzern beginnt und der Strand zu leuchten, laufen die ersten Jogger auf der Promenade ein, stürmen Hunde den Wellen entgegen, erobern jüngste Burgenspezialisten mit Eimern und Schaufeln ihr Revier. Und dann will man vielleicht gar nicht mehr weg aus Grömitz. Denn einem professionellen Erbsenzähler sei Dank, steht der ideale Strandkorb schon in optimaler Position.

**FAZIT: WENN ANDERE DEN WINTER IN DEN BERGEN VERLÄNGERN ODER DEM SOMMER AUF DEN KANAREN ENTGEGENREISEN, HAT DER OSTSEEFAN HIER PLATZ ZUM ATMEN, SPAZIEREN, AUSRUHEN.**

# WANDERN WIE AUF WELLEN

⤙ ... in den Hüttener Bergen ⤚

## #42

Sogar Ostseefanatiker lassen sich zu gewissen Zeiten ganz gern auf das Hinterland ein. Bei eiskaltem Ostwind etwa. Oder wenn die Natur wieder erwacht. Man muss sich ja nicht zu weit vom Strand entfernen, um die ersten Frühlingsboten zu begrüßen. Die Hüttener Berge zum Beispiel stoßen fast an die Eckernförder Bucht.

Der Witz an den Hüttener Bergen ist, dass sie keine Berge sind. Weil es in Schleswig-Holstein nun mal keine Berge gibt. Es gibt nur bewaldete »Wellen«, aufgetürmt von Gletschern während der letzten Eiszeit. Auf einem der höchsten Gipfel, dem Aschberg (schwindelerregende 98 Meter über dem Meeresspiegel), befördert ein Fahrstuhl Ausflügler auf den Aussichtsturm der Globetrotter-Lodge. Bei guter Sicht reicht der Blick weit über hohe Hügelketten bis zum Wittensee, der Schlei, dem Nord-Ostsee-Kanal und der Ostsee. Harmonisch und sanft wirkt die Region, die aus ganz viel Natur und Landwirtschaft und nur wenigen kleinen Ortschaften besteht. Das lädt so richtig zum Loswandern ein.

Starten wir also mit einer kleinen Rundtour, beginnend am Bismarck-Denkmal. Vom Aussichtsturm wirkt es klitzeklein. In Wahrheit

**Hin & Weg:** Wer ernsthaft wandert, kommt zu Fuß, z. B. vom Bahnhof Eckernförde aus (15 km).

**Beste Zeit:** Vom ersten Grün bis zur Blattfärbung im Herbst.

**Dauer & Strecke:** 2–3 Tage. Die Rundwanderwege im Naturpark sind zwischen 2,5 und 16 km lang. Wer mehr Auslauf braucht, kombiniert die Touren. Mehr unter www.naturpark-huettenerberge.de

**Ausrüstung:** Wanderschuhe – es wurden auch schon Wanderstöcke gesichtet.

**Wenn es Nacht wird:** Die Globetrotter-Lodge präsentiert sich skandinavisch-schlicht-schick. Wer sich an der 18 m hohen Kletterwand oder im Bogenschießen ausprobieren möchte, sollte frühzeitig einen Termin anfragen. Vom Frühling bis zum 2. Advent wird der Kurztrip in Nordisk-Glamping-Zelten zum Outdoor-Erlebnis (www.globetrotter-lodge.de).

Das Bismarck-Denkmal stand bis 1920 im heute dänischen Südschleswig. Später wurde der Koloss mit der Bahn nach Ascheffel transportiert. Daneben: Fasssauna mit Panoramablick auf die Hüttener Berge.

misst es aber mehr als sieben Meter. Die ausgeschilderte Wanderroute 8 ist mit 5,3 Kilometern Länge gerade richtig, um noch vor dem Einchecken in der Unterkunft ein Gefühl für die Gegend zu entwickeln.

Der Weg schlängelt sich – durchaus mit etwas Gefälle – hinunter in den Wald Silberbergen. Am Wegrand bilden Schneeglöckchen und Krokusse zur richtigen Jahreszeit kleine Inseln aus Glück und die Luft duftet dann schon nach Frühling.

Die Route verläuft über gute zweieinhalb Kilometer auf einem Waldlehrpfad, der über Pflanzen und Tiere informiert. Im Schoothorster Tal öffnet sich die Landschaft wieder und führt durch Wiesen und Felder. In den typischen Knicks blühen Weidenkätzchen und die stäubenden Würstchen der Hasel. Beim letzten kleineren Anstieg zum Aschberg hinauf stellt sich tatsächlich ein Hauch Bergatmosphäre ein, was aber vor allem an der Abgeschiedenheit der Vorsaison liegt. Hier ist man so schön weit weg von allem.

Dass auch mehr, viel mehr los sein kann, verrät die kleine Schutzhütte, in der Ausflugsvorschläge in Hülle und Fülle ausgelegt sind. Sie lassen sich im Restaurant Campfire optimal studieren – bei zünftiger Küche in Bioqualität und wunderbarem Panoramablick (www.globetrotter-lodge.de/restaurant-campfire).

20 ausgeschilderte Wanderwege, sechs Radstrecken und eine 19 Kilometer lange Skate-route durchziehen die Hüttener Berge. Sie führen durch Wälder und über Hügel, an Seeufern entlang oder bis an den Nord-Ostsee-Kanal.

Wer in der Globetrotter-Lodge logiert, könnte auch in Versuchung geraten, den restlichen Tag auf dem Aschberg zu verbringen. Etwa um in der Fasssauna mit Aussicht zur Ruhe zu kommen, an der 18 Meter hohen Kletterwand zu trainieren oder um am offenen Feuer der Lounge den eigenen Gedanken nachzuspüren. Wandern kann man ja auch morgen noch.

**FAZIT: DIE HÜTTENER BERGE SIND EINE WELT FÜR SICH, DIE SOGAR EIN EIGENES MIKROKLIMA AUFWEIST. GLÜCKLICH WIRD HIER, WER NATUR UND RUHE SUCHT. DAS WEGENETZ SPRICHT AMBITIONIERTE WANDERER EBENSO AN WIE MÜßIGGÄNGER.**

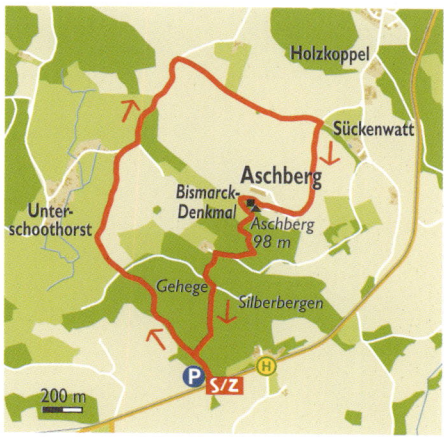

# K(L)EINE PLÄNE

≥ ... Entspannen in Habernis ≤

## #43

*Die Habernis Huk trennt die Geltinger Bucht von der Flensburger Förde. Der Begriff Huk ist abgeleitet vom friesischen Hoeck und meint Winkel oder Ecke. Und wie ein versteckter Winkel wirkt ganz Habernis, ein Ort, beinahe so winzig wie der Planet des kleinen Prinzen. Wie gemacht, um zum Wesentlichen zu finden.*

Steine und Tang säumen den Strand von Habernis – und jede Menge Muscheln. Die knacken so schön, wenn sie unter den Schuhen zerbrechen. Der Meeresboden hingegen ist ganz geriffelter Sand, bestens geeignet zum Planschen. Die Küste hinauf wird der Strand von Bäumen begrenzt, die hier bis ans Meer wachsen. In der anderen Richtung erhebt sich die Huk, ein zehn Meter hohes Kliff. Abenteurer, die es an der Wasserkante umrunden möchten, müssen stellenweise durch die Ostsee waten, durch Matsch stapfen, Wackersteine und Geröll überwinden.

Bei Wind und Wellen ist das gar nicht machbar – und selbst bei spiegelglatter Ostsee poppt

**Hin & Weg:** Nur mit dem Auto zu erreichen – bis Habernis fahren (oder mit dem eigenen Rad vom Regionalbahnhof Sörup aus; ca. 15 km).

**Beste Zeit:** Ganzjährig. Allerbeste Zeit: Sommer. Allerallerbeste Zeit: wenn der Raps blüht – im Mai.

**Dauer:** 3 Std. für die Entdeckung von Habernis. 3 Tage für die totale Entspannung.

**Ausrüstung:** Reiter bringen ihre Siebensachen mit, um auf dem Lindenhof das Glück auf dem Rücken der Pferde zu finden (www.lindenhof-habernis.de). Räder werden in Quern verliehen.

**Wenn es Nacht wird:** Der Mann, der das Cover des Beatles-Albums »Revolver« entwarf, für Trio Da Da Da produzierte und mit Mando Diao ein MTV-unplugged-Konzert einspielte, schuf auch Landhaus Börmoos – ein Idyll mit acht Ferienwohnungen. Und Alkoven-Betten! Mehr unter www.landhaus-boermoos.de

*Wenn jemand einen Strand liebt, den es nur ein einziges Mal gibt unter tausend und abertausend Stränden, dann macht es ihn glücklich, nur wenn er ihn ansieht. (Frei nach »Der kleine Prinz«)*

früher oder später der Gedanke auf: Was für eine blöde Idee hatte ich da jetzt wieder? Wer über sich selbst lachen kann, ist klar im Vorteil, wenn Umkehren oder Weitergehen gleichermaßen unmöglich scheint. Ob man es gleich gar nicht versuchen mag, ist eine Frage des Typs und der Kondition. Am Ende steht man ohnehin an der gleichen Stelle, wie diejenigen, die direkt auf der asphaltierten Straße die Huk hinaufspazieren.

Dort bieten Anwohner an einem improvisierten Verkaufsstand selbst gemachte Marmeladen und Gelees an. Sie vertrauen darauf, dass das Geld dafür schon in die Kasse geworfen wird. Der Kaffee zum Marmeladenbrötchen stammt im besten Fall von der Rösterei Frieda in Nübelfeld, eine zehn Kilometer kurze Radtour von Habernis entfernt. In der Probierstube darf man sich viel Zeit nehmen, seine Lieblingsorte zu finden. Und wenn man schon mal da ist, kann man auch gleich noch einen Blick auf den benachbarten Bismarckturm am Scheersberg werfen. Dabei stellen Freizeitradler fest: Die hügelige Region geht durchaus in die Beine.

Federleicht ist hingegen eine Rundwanderung durch das Habernis Moor. Bohlen- und Knickwege führen zu einer der wasserreichsten artesischen Quellen Schleswig-Holsteins.

Wer zum Abendessen gern einen Wein trinkt, radelt an der Küste hinunter – nach Steinberghaff, Hunhoi oder Gelting Mole. Die Strecke ist relativ eben, sodass die Rückfahrt nicht zu beschwerlich wird. Andererseits: Für einen guten Wein braucht man Habernis auch gar nicht zu verlassen. Die Betreiber des Südwesterhauses (www.suedwesterhaus.vpweb.de) sind an der französischen Grenze aufgewachsen. Sie wissen, was sie ausschenken. Und nicht umsonst haben sie ihren Weinkeller direkt an den Strand von Habernis verlegt. Wenn die Sonne ihre Scheinwerferaugen auf die kunterbunten Boote richtet, die ein Stückchen weiter draußen vor Anker tanzen, versteht man, was *savoire vivre* meint.

**FAZIT: MANCHMAL IST HÖHER-SCHNELLER-WEITER-KRASSER EINFACH NICHT DAS RICHTIGE. SONDERN DER KLEINE STRAND VON HABERNIS.**

185

# KAISER-WETTER AM SEE

⟩ ... am, im und auf dem Plöner See ⟨

# #44

Wer nichts mit Seen anfangen kann, ist in Plön falsch. Nicht einmal acht Prozent der kleinen Kreisstadt in der Holsteinischen Schweiz sind Landfläche. Wer sich hingegen gern in, auf oder um Seen herum aufhält, hat die Qual der Wahl. 16 Seen gehören zum Stadtgebiet; unter ihnen der zehntgrößte See Deutschlands.

#HolsteinischeSchweiz #Kanumekka #kaiserlichePrinzeninsel

Das letzte noch erhaltene Schloss
Schleswig-Holsteins in Höhenlage

Wenn Kurzreisende an einem hochsommer-
lichen Freitagnachmittag mit dem Zug Plön
erreichen, erwartet sie das große Dilemma
der Holsteinischen Schweiz. Wohin bloß soll
man den Blick wenden? Zum Schloss? Der
niedlichen Altstadt? Oder zum Großen Plöner
See, eingebettet in eine idyllische Hügelland-
schaft? Entscheidungshilfe leistet die Tourist-
information im Prinzenbahnhof. Oder ein etwa
drei Kilometer langer Auftaktspaziergang zur
Prinzeninsel, die man als schönste interakti-
ve Landkarte Schleswig-Holsteins bezeichnen
kann. Einfach das Gepäck im Schließfach deponieren und vom Bahnhof mit der wunder-

vollen Überdachung aus den 1890er-Jahren
auf den Strandweg wechseln und Richtung
Schloss spazieren.

Ursprünglich war der imposante Bau hoch
über dem See von roter Farbe. Den schnee-
weißen Verputz erhielt es, als der dänische
König Christian VIII. Plön zur königlichen Som-
merresidenz erklärte. Bis heute geht es auf
der Promenade hübsch hyggelig zu – selbst in
der Hochsaison. Das Ufer ist vom Autoverkehr
abgeschirmt und nur von wenigen Cafés und
Bootsstegen gesäumt. Rechter Hand taucht
das Prinzenhaus auf, in dem die Söhne Kaiser

Wilhelms II. ihre schulische Erziehung erhielten. Den besten Blick auf das Schloss bietet der Sommerpavillon im Alten Apfelgarten. Er liegt gefühlt schon auf der Prinzeninsel. Doch erst jenseits der kleinen Brücke befindet man sich wirklich auf dem ehemaligen Lehrbauernhof der kaiserlichen Söhne.

Etwa zwei Kilometer lang und an manchen Stellen nicht einmal 30 Meter breit, streckt sich die dicht bewaldete Halbinsel in den See hinein. Die Wasserqualität kann am kleinen Sandstrand getestet werden, wo die Prinzen einst das Schwimmen lernten. Heute legen Kanuten, Kajak-Kapitäne und Stand-up-Paddling-Künstler hier gern eine Pause ein, um sich am Kiosk zu erfrischen. Das nicht weit entfernte Inselende soll der Lieblingsplatz von Augus-

te Viktoria, Deutschlands letzter Kaiserin, gewesen sein. Die Aussicht auf kleine, unter Naturschutz stehende Inseln ist wirklich zauberhaft. Hier bekommt man auch einen guten Begriff von den Ausmaßen des größten Binnengewässers Schleswig-Holsteins. Die 37 Kilometer lange Rundtour mit dem Rad wäre unbedingt ein guter Plan für den

---

**Hin & Weg:** Mit dem Zug nach Plön.

**Beste Zeit:** Hochsommer.

**Dauer:** 2–3 Tage.

**Ausrüstung:** Badesachen.

**Wenn es Nacht wird:** Die Hotelerie hat Luft nach oben, die Plöner selbst haben aber Geschmack. Airbnb ist angesagt (www.airbnb.de).

---

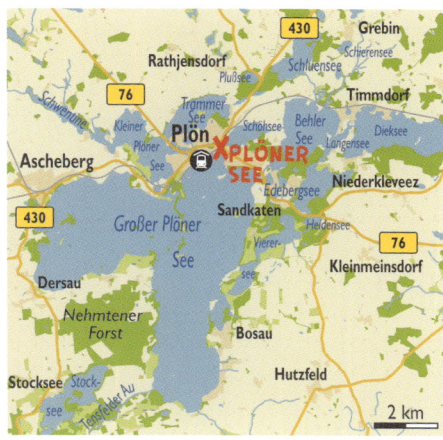

Dies soll der Lieblingsplatz der letzten deutschen Kaiserin – Auguste Viktoria – gewesen sein (links). Heute residiert die letzte deutsche Kaiserin der Ästhetik – Jil Sander – am gegenüberliegenden Ufer.

morgigen Sonnabend. Dabei kann man dann schon mal ausspähen, welchen Boots-, Kanu- oder SUP-Verleih man am Sonntag ansteuert. Und welchen der zehn Picknick-Partner (www.holsteinischeschweiz.de). Der Rucksack für ein Holsteiner Tretboot-Picknick etwa wird im Haus Schwansee in Bosau gefüllt. Die »Grüne Kaffeezeit« gibt es in der Plöner Schlossgärtnerei. Und da wäre es wieder, denken Kurz-

reisende, wenn sie nun mit dem Fahrgastschiff zurück zum Bahnhof schaukeln, das große Dilemma der Holsteinischen Schweiz.

**FAZIT: WER EINMAL EIN SOMMERWOCHEN-ENDE AN DEN PLÖNER SEEN VERBRACHT HAT, WIRD VIELLEICHT SÜCHTIG – UND MUSS ZIEMLICH SICHER NIE WIEDER AN VOLLEN OSTSEESTRÄNDEN NACH EINEM PLATZ FÜR SEIN HANDTUCH SUCHEN.**

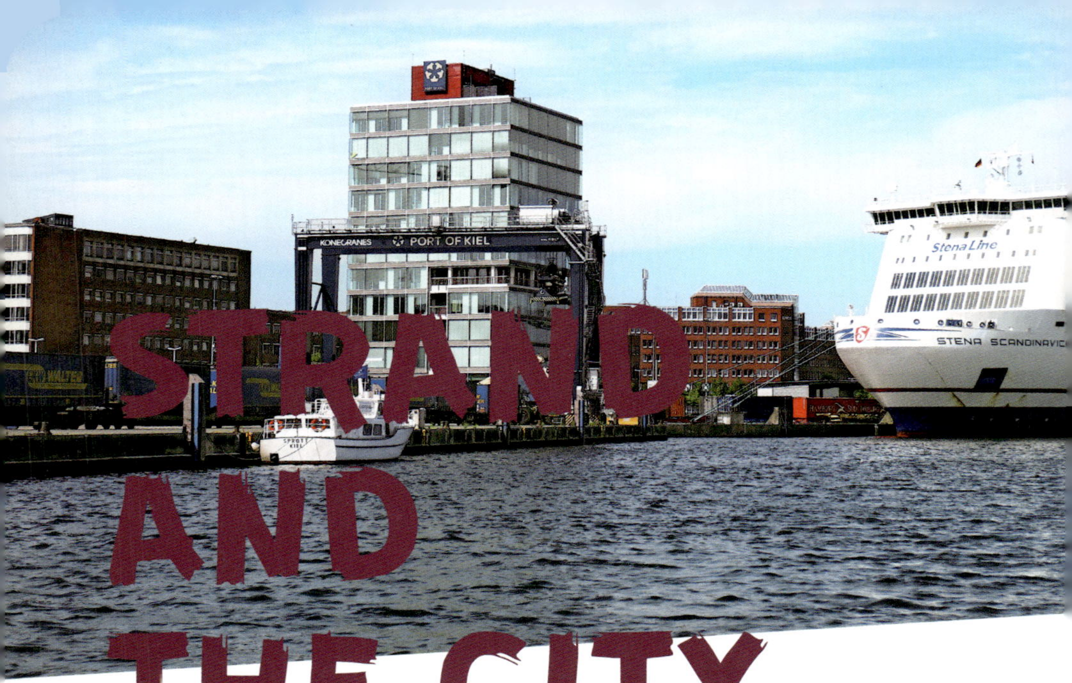


# STRAND AND THE CITY

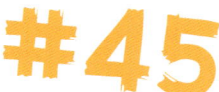

## ... Fördevergnügen in Kiel

**#45**

*Um Kiels Schokoladenseiten zu entdecken, braucht es keinen weiteren Plan als den der Schlepp- und Fährgesellschaft. Die Fördedampfer gehören zum ÖPNV und verbinden die spannendsten Spots beidseitig der Förde. Auf, auf zur Hop-on-Hop-off-Tour am Westufer der einzigen deutschen Landeshauptstadt am Meer.*



#LandeshauptstadtKiel #Hafensafari #StadtStrandSpaß #aufkleinerFahrt

Beinahe alle Kieler Strände
besitzen einen Fähranleger.
Hier: Falckenstein.

»So etwas Schönes habe ich noch nie gesehen«, soll Bundespräsident Gustav Heinemann 1972 in Schilksee gesagt haben. Das ließe angesichts massiver Betonburgen wenigstens stutzen, wären da nicht der Strand, der Seglerhafen und die offene Ostsee. Und eben diese Kombi meinte ja auch Herr Heinemann, als er die Seglerwettbewerbe der Olympischen Sommerspiele in Schilksee besuchte.

Wer aus der City mit dem Dampfer in den nördlichsten Stadtteil Kiels geschippert kam, hat nun schon eine Panorama-Tour auf der Förde hinter sich und weiß: Ein Kurztrip reicht nicht, um alle verlockenden Jachthäfen und Werften, Strände und Seebäder anzulaufen. Ein unbedingtes Highlight ist aber der etwa fünf Kilometer lange Spaziergang von Schilksee zum Falckensteiner Strand. Herrlich naturbelassen erstreckt der sich über mehr als zweieinhalb Kilometer an der westlichen Außenförde. Das größte Strandbad Kiels wird von der DLRG bewacht. Es warten Spiel-, Grill-, Minigolf- und Beachvolleyballplätze, Surf-, Segel-, Tauchclubs und ein Hochseilklettergarten. Der Falckensteiner Strand gehört zum Stadtteil Friedrichsort, wo am Skagerrakufer noch eine

Seebar in Düsternbrook: Beachclubs funktionieren eben doch am besten, wenn sie wirklich am Meer liegen.

leise Ahnung des alten Kiels in der Luft liegt. Für Architekturfreunde lohnt sich der zwei Kilometer kurze Spaziergang schon wegen der Bethlehem-Kirche, dem letzten sakralen Holzbau Schleswig-Holsteins.

Lädt das Wetter nicht zum Baden ein, lässt sich der Tag am Falckensteiner Strand in lässigen Locations wie dem Elefant am Strand genießen, oder in der Deichperle im alten Leuchtturmwärterhäuschen gleich bei der Seefestung Friedrichsort (www.elefant-amstrand.de und www.deichperle-kiel.de).

Stehen Wind und Wetter günstig, waten Freizeitpiraten zur vorgelagerten Leuchtturminsel. Dort ist man den Schiffen wirklich zum Greifen nah. Der 100-jährige Leuchtturm wurde in den Siebzigern durch ein funktionales Monst-

rum ersetzt. Auch das ist typisch Kiel. Im Zweiten Weltkrieg zu mehr als 80 Prozent zerstört, verzichtete die Stadt beim Wiederaufbau weitgehend darauf, Historisches zu erhalten oder zu rekonstruieren. Das Ergebnis scheint nicht Wenigen uncharmant. Aber seit einigen Jahren findet Kiel zu einem spannenden Architekturmix zurück, wie er sich für eine Metropole am Meer gehört. Wer einen Blick dafür hat, erkennt es an allen Ecken. Das heutige Lebensgefühl lässt sich am besten an einem Tag an der Innenförde erfassen. Die Flaniermeile beginnt gleich beim Hauptbahnhof. Hier liegen dicke Pötte und Schifffahrtsmuseum, tummeln sich Seehunde in Außenbecken, chillen Politiker vor dem Landtag, bevölkern Sonnenanbeter Stege und Beach-Bars und allerhand Wassersportler genießen die Förde. Nach sieben urbanen Kilometern ist der Nord-Ostsee-

Kiel ist kantig wie der Leuchtturm Friedrichsort an der engsten Stelle der Förde.

Kanal erreicht. Die Aussichtsplattform des Wasserstraßen- und Schifffahrtsamts in Wik scheint schon in die Jahre gekommen, bietet aber beeindruckende Einblicke in die südliche Schleusenkammer. Wenn Kreuzfahrtriesen hier auf die Ostsee geschickt werden, kann der Andrang schon mal größer ausfallen. Nur wenige Schritte entfernt setzt die Kanalfähre nach Holtenau über. Dort ankern am Tiessenkai historische Segler und sonntags wird vorm Schiffercafé Tango getanzt (www.schiffercafe-kiel.de). Wer in der Abendsonne mit Blick auf einen der romantischsten Leuchttürme Deutschlands seine Kieler Bilder Revue passieren lässt, wird vielleicht denken: So etwas Schönes habe ich noch nie gesehen. Und einen weiteren Besuch für das Ostufer planen.

> **FAZIT: WENN DER EINE STRAND SAGT UND DIE ANDERE GROßSTADT, MUSS DAS KEINE BEZIEHUNGSKRISE BEDEUTEN, DENN ES GIBT JA KIEL — DIE EINZIGE LANDESHAUPTSTADT, DIE WIRKLICH (SORRY, HAMBURG) BEIDES BIETET.**

**Hin & Weg:** Am besten mit dem Zug.

**Beste Zeit:** Mai–September (nur im Sommer werden alle Anleger angesteuert).

**Dauer & Strecke:** 2 Tage. Außenförde 6 km, Innenförde 10 km (jeweils einfache Strecke).

**Wenn es Nacht wird:** Das B & B Hotel punktet mit günstigen Kursen, ordentlichen Zimmern, WLAN, Sky, kostenlosen Parkplätzen und allerbester Lage direkt an der Fördespitze (www.hotelbb.de/de/kiel-city). Und die Lage ist das Wichtigste an Kiel.

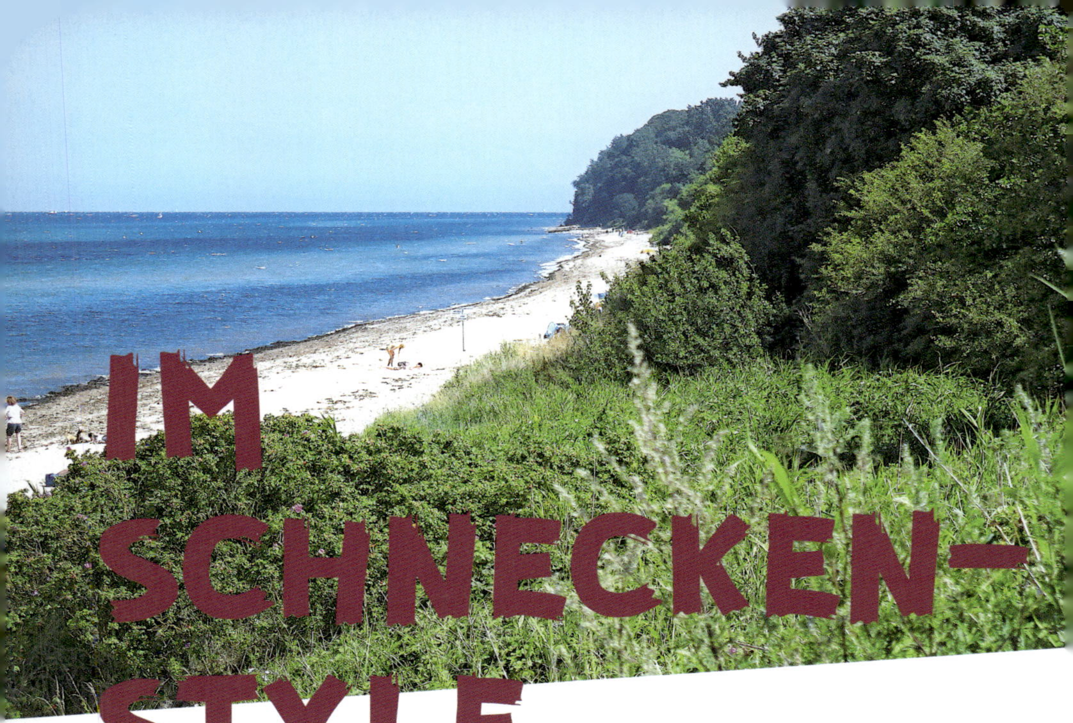

# IM SCHNECKEN-STYLE

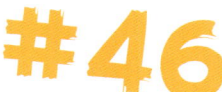

## … Fernwanderung auf dem Dänischen Wohld

**#46**

*Ein Zimmer für nur eine Nacht? In der Hochsaison? Und dann auch noch spontan? Womöglich sogar bezahlbar? Winken Hoteliers müde lächelnd ab, winkt man am besten freundlich zurück – und verabschiedet sich für eine zweitägige Wanderung auf den Dänischen Wohld; die eigene Unterkunft im Gepäck.*

#Fernwandern #Camping #ganzspontaninsParadies

Corvus marinus - Meerrabe - lautet der lateinische Name des Kormoran.

Wenn alle Wetter-Apps einmütig ein strahlendes Hochsommerwochenende verkünden, werden die Autobahnen zu Staufallen und die Chance auf eine freie Besenkammer in Strandnähe ist verschwindend gering. Da klingelt man besser den Freundeskreis durch. Irgendeiner hat schon noch ein Zelt irgendwo rumfliegen, es muss ja nur ein kleines sein – umso größer das Abenteuer auf einem der längsten Fernwanderwege der Welt.

Der E1 verläuft vom Nordkap nach Sizilien. Die Etappe zwischen Eckernförde und Kiel hat mehrere Vorzüge, zum Beispiel dass Start- und Endpunkt an die Bahn angeschlossen sind. So braucht man am Bahnhof Eckernförde nur die

Straßenseite zu wechseln, um dann das Meer bis Kiel nicht mehr zu verlassen.

Zwischen den Fördestädten liegt der Dänische Wohld, eine hügelige Landschaft mit schönen Stränden und beeindruckenden Steilküsten. Ausgeschildert ist der E1 mit dem Andreaskreuz, was kaum nötig wäre, denn er verläuft beinahe durchgehend an der Küste. Nur im Schellmarker Holz (nach etwa viereinhalb Kilometern) und bei der bewaldeten Düne von Noehr (nach knapp 13 Kilometern) schlingert der Weg minimal ins Land. Hier mischt sich Möwengeschrei mit Waldvogelgesang. Kurz darauf beginnt mit Jellenbek die Gemeinde Schwedeneck, ein Zusammenschluss meh-

rerer kleiner Küstenorte. Trotz traumhafter Landschaft geht es ruhiger zu als in anderen Regionen. Touristisch hat man sich ganz auf Camper eingeschossen. Zur Übernachtung bietet sich der Platz von Surendorf an, der nach 20 Kilometern erreicht ist. Hier ist der Sand fein und die Promenade mit Bistros und Läden gesäumt. Im Wassersportzentrum Nordwind können Surfbretter und Tretboote ausgeliehen werden. Oder man lockert die Gelenke bei einem zweistündigen SUP-Kurs. Wandern mit Rucksack und Zelt ist ja doch ein bisschen anstrengender als normales Spazieren. Umso besser schläft man danach. Gerade in einem Zelt, gleichermaßen drinnen wie draußen.

Am zweiten Tag kann die Strecke ganz flexibel an Lust und Laune angepasst werden. Schon nach 15 Kilometern gibt es in Strande die erste Möglichkeit, die Wanderung mit einer Fährfahrt zu beenden. Oder man läuft noch einige Kilometer weiter zum Anleger in Schilksee. Oder noch weiter zu dem am Falckensteiner Strand.

---

**Hin & Weg:** Anreise mit der Bahn bis Eckernförde, zurück ab Kiel.

**Beste Zeit:** Hochsommer; insbesondere im August, wenn die Perseiden als Sternschnuppenregen auf die Ostsee fallen.

**Dauer:** 2 Tage. Mind. 35 km zu Fuß.

**Ausrüstung:** Wanderoutfit, Rucksack, Zelt, Isomatten, Schlafsack.

**Wenn es Nacht wird:** Ob zur maximalen Feriendichte eine vorherige Reservierung nötig wäre? »Ach, Quatsch«, sagt der freundliche Herr an der Anmeldung des Campingplatzes in Surendorf (www.campingplatz-surendorf.de). »Ein Zelt kriegen wir immer unter.«

---

Der Strand von Surendorf ist perfekt für eine Übernachtung im Zelt. Nur hier gibt es auf dem Dänischen Wohl eine Promenade mit Geschäften und Gastro.

Oder gleich ganz bis zum Hauptbahnhof von Kiel. Der ist nach 27 Kilometern erreicht. Idyllischer ist jedoch die 15-Kilometer-Variante. Sie lässt Zeit für das zauberhafte Dänisch-Nienhof sowie einen »Umweg« über Sprenge ins »Hinterland« mit seinen weiten Wiesen und Wäldern und typischen Knickwegen. Und last but not least die beeindruckende Steilküste von Stohl. Hier trifft die Förde auf die offene Ostsee. Man sieht es am zunehmenden Schiffsverkehr. Und etwa ab hier sind auch deutlich mehr Spaziergänger und Strandläufer unterwegs. Spätestens beim Bülker Leuchtturm wird es in der Saison drängelig. Und man wünscht sich ins beschauliche Schwedeneck zurück.

FAZIT: TOURISTISCH RUHIGER, LANDSCHAFT-LICH WILDER — JE MEHR ZEIT MAN SICH AUF DER ZWEITÄGIGEN WANDERUNG ÜBER DEN DÄNISCHEN WOHLD LÄSST, DESTO BESSER. DIE TOUR KRIEGEN AUCH WANDERANFÄNGER HIN.

# OUTDOOR FÜR ANFÄNGER

 ... Glamping in Langholz

## #47

*Manche schwören auf Camping. Andere finden das spießig oder aber mögen nicht auf einen gewissen Luxus verzichten. Die können auf der Halbinsel Schwansen ihre Vorurteile überprüfen. Im Camp Langholz, dem einzigen offiziellen Platz in Schleswig-Holstein für glamouröses Camping (= Glamping).*

Es ist Sonnabend und im Camp Langholz wird der letzte freie Zirkuswagen bezogen. Das himmelblaue Schmuckstück mit der gelben Veranda steht nicht einmal zehn Meter vom Strand entfernt. Die Teilzeit-Besitzer der anderen Glamping-Unterkünfte sind bereits vollauf damit beschäftigt, das zu genießen, was Camping in seinem Ursprung ausmacht: Freiheit. Die Kinder einfach mal mit dem Kajak paddeln lassen. Angeln und schweigen. In der Hängematte chillen. Ein übergroßes Herz aus Steinen in den Sand legen.

Dazulegen oder die Umgebung erkunden, lautet die Frage. Ein erster kurzer Spaziergang führt etwa nach Klein Waabs, zunächst am Strand, dann über den Steilküstenweg bis zur Strandbude Mehr & Meer an der bewachten Badestelle. Dort wird der Käsekuchen direkt

vor der Nase in den Ofen geschoben und der Wind rauscht in mächtigen Baumkronen.

Die größere Runde ist elf Kilometer lang. Sie führt ins Landesinnere entlang der Lehmberger Straße. Viel Verkehr ist nicht zu befürchten. Nach dreieinhalb Kilometern können Neugierige rechter Hand auf Gut Sophienhof Swingolf testen. Bei der Öko-Variante des Golfsports wird auf Düngung und Herbizide verzichtet, und es werden keine Strukturveränderungen an den Plätzen vorgenommen. Eine Platzreife ist ebenfalls nicht erforderlich.

Stärkung wartet auf dem benachbarten Gut Ludwigsburg, nicht einmal zwei Kilometer entfernt (www.gut-ludwigsburg.de). Für Romantiker hält es genau die richtige Mischung aus schick und morbide bereit. Die Alte Räucherei

Die kunterbunten Zirkuswagen sind ausgestattet wie ein Ferienhaus. Wer seinen eigenen Schlafplatz auf dem Rücken mitbringt, freut sich über eine Massage im Camp.

verwöhnt mit täglich wechselndem Mittagstisch und 1a-Kuchen. Selbstversorger können sich im Hofladen mit regionalen Köstlichkeiten eindecken.

Von dort geht es durch die Felder hinunter zum gutseigenen Strand. Auf einer Anhöhe liegt eine verwunschene kleine Kapelle hoch über dem Aassee. Der Blick wäre wohl schöner, wenn nicht wieder mal ein Campingplatz durch die Bäume schimmern würde. Aber so ist das eben in Schwansen.

Es folgt sogar noch ein weiterer auf den verbleibenden drei Küstenkilometern zurück zum Ausgangspunkt. Bis dahin weiß selbst der Laie: Campingplatz ist nicht gleich Campingplatz. Camp Langholz jedenfalls hat sich auf die Fahnen geschrieben, ein Ort jenseits aller Negativ-Klischees und Schrebergarten-Atmosphäre zu sein. So steht es im Manifest, das auf der kleinen Speisenkarte des Bistros Strandräuber abgedruckt ist. Pommes Schran-

ke sind daher nicht im Angebot. Stattdessen gibt es Wraps und Mojitos. Und Public Viewing bedeutet hier, einer Bande müde getobter Kinder zuzusehen, wie sie ihre Stockbrötchen übers Lagerfeuer halten. Gitarrenspielern zu lauschen, die hier manchmal Singersongwriter-Sachen zum Besten geben und an anderen Abenden von Wicki und den Wikingern, Pippi Langstrumpf und anderen Helden singen. Wer dann auf der Veranda eines Zirkuswagens, Safari-Zelts oder PODs sitzt, hört die Melodien wie aus weiter Ferne. Viel deutlicher, weil näher ist das ewige Lied der Ostsee.

> **FAZIT: SO GEHT TOLERANZ – TRADITIONELLE CAMPER MISCHEN SICH MIT GLAMPING-EIN-STEIGERN, AUSSTEIGERN UND SURFERN. AB UND ZU BEEHRT EINE BAND DAS CAMP. UND: JEDER LÄSST EINFACH DEN ANDEREN SEIN.**

**Hin & Weg:** Mit dem Auto direkt bis zum Camp oder nur bis Bahnhof Rieseby; von dort weiter mit dem Rad oder zu Fuß (ca. 15 km).

**Beste Zeit:** April–Oktober.

**Dauer:** 1–2 Nächte.

**Ausrüstung:** Bettzeug, Schlafzeug, Badezeug.

**Wenn es Nacht wird:** Am meisten Outdoor-Feeling verspricht das POD, eine Art Zelt aus Holz mit Lattenrost, Matratzen, elektrischem Licht, Heizung, Gartenmöbeln, Grill und eigener Veranda. Mehr unter www.camp-langholz.de

# GRÜNE GRENZ- ERFAHRUNG

 ... auf dem Nord-Ostsee-Radweg

Der allerlängste Sommertag auf dem deutschen Festland ist ein Tag auf dem Nord-Ostsee-Radweg, der dicht an der dänischen Grenze verläuft. Im Sommer scheint die Sonne in Flensburg nämlich eine sehr gute Stunde länger als in München. Und das ist nicht der einzige Grund für eine zweitägige spannende Tour von einem Meer zum anderen.

Mit 66 Kilometern ohne nennenswerte Steigungen bietet sich der Nord-Ostsee-Radweg nicht gerade für ein Sechstagerennen an. Wer ihn in entgegengesetzter Richtung fährt, könnte die Sonne am Ostseestrand von Wassersleben aufgehen sehen und längst auf dem Nordseedeich sitzen, wenn sie im Wattenmeer versinkt. Doch die kleinen Gemeinder entlang der Strecke halten viel Sehens- und Erlebenswertes bereit. So vergehen selbst zwei Tage beinahe zu schnell.

An Tag eins lohnen sich etwa der Erlebnispfad durch das Jardelunder Moor, die Dauerausstellung in der KZ-Gedenk- und Begegnungsstätte Ladelund, eine ausgedehnte Pause an der malerischen Sonderå in Rens und ein Spaziergang durch die Binnendünen von Süderlügüm. Oder man guckt ganz einfach mal, was einen persönlich interessiert – mögliche

Abstecher sind bestens ausgeschildert. Dabei gerät der Nord-Ostsee-Radler immer wieder auf einen anderen Radweg: die Grenzroute. Sie verläuft streckenweise parallel, zieht aber größere Schleifen und wechselt häufiger – insgesamt 13 Mal – von Deutschland nach Dänemark. Das passt zur wechselvollen Geschichte der Regionen Südtondern (Deutschland) und Nordsleswig (Dänemark). Sie gehörten mal zu diesem, mal zu jenem Land, und bis heute ist schwer auszumachen, auf welcher Seite man sich gerade befindet. In Deutschland zum Beispiel gibt es jede Menge dänischer Supermärkte. In Dänemark sind viele historische Gebäude mit deutschen Inschriften versehen. Als Etappenziel bietet sich das dänische Tondern an, die »Hauptstadt der Marsch«. Hier findet sich ein Abendessen für jeden Geldbeutel und Geschmack. Vom Pølser in der schönen

Grenzenlos gut: Am Deich und dem Meer zeigt sich die Beliebigkeit von Grenzen. Die Kleinstadt Tønder war um 1000 eine Hafenstadt. Heute liegt sie mitten in der Marsch.

Altstadt bis zum königlichen Mal im Slotskrog im benachbarten Møgeltonder. Das Dorf rund um Schloss Schackenborg bezaubert mit der schönsten Straße Dänemarks.

Da in Tondern bereits zwei Drittel der Strecke geschafft sind, bleibt an Tag zwei umso mehr Zeit: für einen Besuch im Emil Nolde-Musuem in Seebüll, den ultrasüßen Grenzort Rudbøl/Rosenkranz und das Naturschutzgebiet Rickelsbüller Koog. Im Oktober ist hier *high time* angesagt. Dann tanzen die Stare in gewaltigen Scharen über der Marsch. »Sort Sol« (schwarze Sonne) wird das Schauspiel genannt. Es ist beeindruckend. Da jedoch ganze Busladungen Schaulustiger anreisen, nichts für Ruhesuchende. Die kommen lieber im Winter oder Sommer. Dann finden sie hier etwas Wunderbares: vollkommene Ruhe. Das ist im Rickelsbüller Koog genau wie im angrenzenden Margreten Koog. Der deutsch-dänische Deich verbindet die beiden Naturschutzgebiete ebenso wie das Bemühen um die Natur. Über Jahrhunderte haben Dänen und Deutsche hier

zusammengelebt, dem Blanken Hans Land abgetrotzt und ihre Höfe gemeinsam vor ihm geschützt. Denn der kennt ja keine Grenzen. Das hat er mit Nord-Ostsee-Radlern gemeinsam.

> **FAZIT: ZWEI MEERE, ZWEI LÄNDER, GESCHICHTE UND NATUR. DAS GRENZGEBIET IST EINE SPANNENDE ZWISCHENWELT. WER MEHR ZEIT HAT ALS EIN WOCHENENDE, WIRD SICH AUCH NICHT LANGWEILEN.**

**Hin & Weg:** Anreise per Bahn nach Flensburg, Abreise ab Niebüll.

**Beste Zeit:** Mai–September.

**Dauer & Strecke:** 2 Tage und 66 km.

**Ausrüstung:** Rad, Satteltaschen, Siebensachen, Ausweis (nur für den Fall ...).

**Wenn es Nacht wird:** Hanne & Uwe betreiben ein schönes B & B in Sæd bei Tondern (www.sovgodt8.dk). Klasse Idee: wer sich am Frühstücksbuffet ein zusätzliches Lunchpaket zubereiten möchte, zahlt nur ein paar Euro extra.

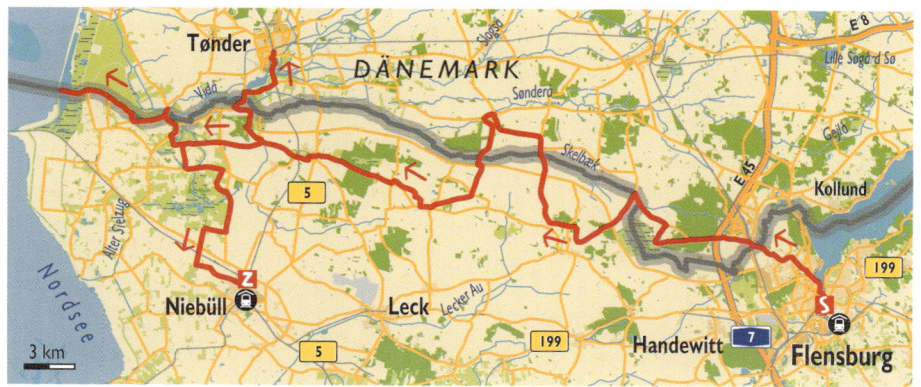

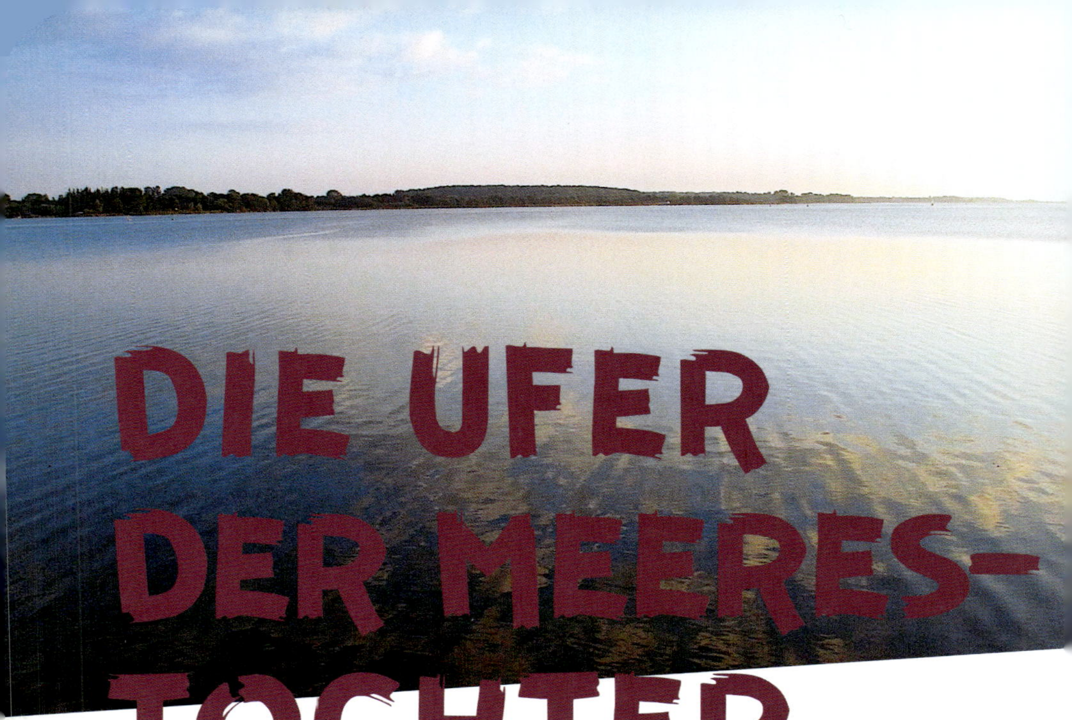

# DIE UFER DER MEERES-TOCHTER

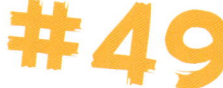

… Radtour an der Schlei

# #49

*Eines der schönsten Geschenke, das die Ostsee dem Land Schleswig-Holstein macht, ist die Schlei. 43 Kilometer mäandert der Meeresarm ins Landesinnere. Diese zweitägige Tour kombiniert drei von insgesamt 15 Themenradtouren, die sich wie bunte Schleifenbänder um ihre Ufer winden, und führt von Schleswig nach Kappeln.*

#Schleitour #RadfahrenfürGenießer #Land&Leute #lecker&langsam

Typischer Schleiuferweg bei Ulsnis.

»Du bist die Meerestochter selbst«, dichtete Ludwig Hinrichsen aus Kappeln in seiner Hymne an die Schlei. Wer auf einem Kurztrip möglichst viel von der Postkartenschönheit erleben möchte, startet am besten bei Haithabu mit dem WikingerTörn (Route 24). Vor 1000 Jahren war die Siedlung am Schleswiger Westufer einer der bedeutendsten Handelsplätze Nordeuropas. Heute befindet sich hier ein tolles Museum inklusive rekonstruiertem Wikingerdorf am Haddebyer Noor.

Leicht hügelig verläuft der Weg von der Stexwiger Enge bis zur Großen Breite, wo sich die Schlei auf vier Kilometer weitet. Malerische Dörfer, Badestrände, Naturschutzgebiete und wundervolle Aussichtspunkte drücken aufs Tempo. Nicht umsonst ist »Langsamzeit« das touristische Motto der Region. Einfach weil es Spaß bringt, steht bei Missunde der Uferwechsel an.

Das Fährhaus mit gehobener Gastronomie und Gartenlokal liegt schon auf dem SchlemmerTörn (Route 20). Falls kurz hinter Goltoft die Pforte im Hestoft 24 offensteht, darf der Bauerngarten der Chalupkas besichtigt werden. Kurz darauf ist in Ulsnis ein Abstecher zum Strand empfehlenswert. Er liegt idyllisch am Ende eines Waldweges und taucht unge-

Die Schlei ist besonders bei Seglern beliebt, eignet sich aber auch super zum Kanufahren und Stand-up-Paddling.

fähr auf, wenn man sicher ist, sich verfahren zu haben. Schön ist auch die Badestelle in Lindau mit Blick auf die historische Brücke. Sie lädt ein, das Ufer ein weiteres Mal zu wechseln. Denn drüben warten im Café des Obsthofes von Gut Stubbe die vielleicht leckersten Kuchen und Torten der Welt.

Der anschließende SchleiuferTörn (Route 17) passiert das Bilderbuchdorf Sieseby. Es wurde im 19. Jahrhundert für Tagelöhner des Hauses zu Schleswig-Holstein-Sonderburg-Glücksburg errichtet. Gut Bienbek befindet sich bis heute in Familienbesitz.

Aufgepasst kurz vor Karby: Linker Hand heißt es, auf den Wikinger-Friesen-Weg abknicken. Nach knapp 50 Kilometern liegt jenseits der Klappbrücke das Tagesziel. Mit Glück ist sie

gerade geöffnet, um Segler passieren zu lassen. Dann kann man eine Viertelstunde den Panoramablick auf Kappeln genießen, im Visier die charakteristischen drei Backstein-

**Hin & Weg:** Mit der Bahn bis Schleswig.

**Beste Zeit:** Mai–Oktober.

**Dauer & Strecke:** 2 Tage, ca. 4 Std. reine Fahrtzeit für die etwa 50 km.

**Ausrüstung:** Kartensatz der Ostseefjord Schlei GmbH (www.ostseefjordschlei.de). Leichtes Gepäck. Rad. (Leihräder sind Schleiräder – erhältlich u. a. in Schleswig.)

**Wenn es Nacht wird:** Die Jugendherberge von Kappeln liegt super und ist auf Radfahrer eingerichtet. Nur keine Scheu, strenge Herbergseltern und Früchtetee gibt's nicht mehr und Handtücher muss man auch nicht selbst mitbringen. Information und Buchung über www.jugendherberge.de

Stände, Stege, Badeanstalten – Badezeug und Handtuch gehören an der Schlei ins Handgepäck.

schornsteine der Fisch- und Aalräucherei. Dort serviert Fiete Föh Meeresspezialitäten aus traditionellen Altonaer Öfen, geräuchert auf Buchenholz und Erlenspänen. Gut möglich, dass man beim anschließenden Sundowner im Hafen mit Einheimischen ins Gespräch kommt. Wenn sie wollen, können die extrem amüsant sein, und falls die Nacht länger wird, muss es keinen großen Geist stören. Dann lässt man das Rad am zweiten Tag eben stehen. Begibt sich nur für einen kleinen Spaziergang auf den Holzweg drüben in Ellenberg und ist zurück in Kappeln, wenn der Dampfer nach Schleswig tutet.

> **FAZIT: DIE BESCHRIEBENE TOURENKOMBI HÄLT SICH MÖGLICHST DICHT AM WASSER UND WECHSELT EINIGE MALE DIE UFER. AM ZWEITEN TAG KANN DIE SCHLEI AN DEN GLEICHEN STELLEN ÜBERQUERT WERDEN, UM DIE ANDERE SEITE KENNENZULERNEN.**

# IST JA ALLES SO SCHÖN HIP HIER

≥ ... Hang loose in Heiligenhafen ≤

**#50**

*Freie Flächen zuzupflastern, ist nicht immer eine spitzenmäßige Idee. Aber in Heiligenhafen hört man von Einheimischen, Naturverbundenen, traditionellen Stammgästen, Surfern, Kitern und anderen Hipstern: Mit dem neuen Steinwarder hat die Hafenstadt die Pole-Position unter den Ostseebädern zurückerobert.*

1895 gründete die Deutsche Badegesellschaft Heiligenhafen eine Ferienkolonie auf dem Graswarder, einer der Stadt vorgelagerten Insel. In ihrem Prospekt warben sie für »eine Reihe niedlicher Privatvillen, die dem Landschafsbild eine willkommene Abwechslung geben« und berechneten »Nichtspekulanten für 1 Quadratmeter Baugrund nur 1 Pfennig«. Heute gehören die Badevillen zu den teuersten Immobilien Schleswig-Holsteins. Nur einige ausgesuchte Anwesen auf Sylt können da mithalten.

Längst ist der Graswarder über einen Damm zu erreichen. Aber noch immer gibt es kein Café, keinen Kiosk, nicht einmal die Straße ist geteert. Beim Spaziergang entlang der Reetdachträume sind bei bestimmten Windverhältnissen und Kälte Gummistiefel angesagt. Die Häuser sind so dicht ans Wasser gebaut, dass die Ostsee oft auf die Veranden schwappt. Beliebte

Filmlocations sind sie alle. Selbst Hollywood hat hier schon gedreht. Und apropos: Was aus der Ferne wie die archaische Kampfmaschine eines Star-Wars-Streifens wirkt, entpuppt sich als Vogelbeobachtungsturm des NABU. Rund 220 Vogelarten steuern den Graswarder auf ihren Zügen an. Zu ihrem Schutz darf die Strand- und Salzwiesenlandschaft nur im Rahmen naturkundlicher Exkursionen betreten werden (www.graswarder.de).

Zur anschließenden Stärkung geht es an den Hauptstrand am Steinwarder. Dort, wo vor wenigen Jahren nur ein Parkplatz war, ist im Sommer 2016 lässiges Leben eingekehrt. Ferienhäuser unter Reet, hippe Hotels im New-Hampshire-Look, ein paar Geschäfte, wie sie auch in urbanen Szenevierteln zu finden sind. Und jede Menge entspannter Menschen, die ans, ins oder aufs Wasser wollen.

Bei Wind und Wellengang ist Heiligenhafen ein Xanadu für Wassersportler. Gibt sich die Ostsee sanft, geraten Ästheten aus dem Häuschen.

Bei Westwind rollen die Wellen nahezu ungebremst auf die Sandbänke zu und fordern die Könner unter den Surfern und Kitern heraus. Der rückwärtige Binnensee hingegen ist wie geschaffen für erste Versuche auf dem Brett. Bei Flaute verhilft Yoga am Strand zum inneren Ommm. Westwärts beginnt nach Betonburgen mit der Steilküste die Einsamkeit. Die Ausblicke von der Kliffkante sind herrlich, am Strand kommen Fossilienjäger auf ihre Kosten. Auf den folgenden sechs Kilometern kann man schon mal vergessen, dass es so etwas wie Zivilisation überhaupt gibt. Es ist trotzdem eine gute Idee, nicht zu spät umzukehren, um rechtzeitig im Sunset einen Platz zu ergattern (www.sunset-strandbar.de). Sonnenuntergangsspektakel sind an der Ostsee ja nicht selbstverständlich. Die Lage der kleinen Beachbar ist grandios. Dort kann man im glühenden Abendrot den kommenden Tag planen.

Denn es fehlt noch das maritime Heiligenhafen. Die Marina, mit 1000 Segelbooten. Die bunten Buden und Kutter im Hafen, wo Möwen um Fischabfälle streiten. Und ein fabelhafter Spaziergang zum Leuchtturm in Strandhusen – mit Blick auf den Graswarder, wo alles begann.

**FAZIT: ES GIBT VIELE TOLLE KITE- UND SURFREVIERE AN DER OSTSEEKÜSTE. ABER AN WENIGEN ORTEN BLEIBT DIE ATMOSPHÄRE AUCH BEI FLAUTE SO LÄSSIG WIE IN HEILIGENHAFEN.**

**Hin & Weg:** Ohne Auto ist es kompliziert: Eine Möglichkeit ist, mit der Bahn bis Oldenburg zu fahren und weiter mit der Buslinie 5804 oder 5811. Von Hamburg fährt auch ein Fernbus.

**Beste Zeit:** Summertime (when the living is easy).

**Dauer:** Verlängertes Wochenende.

**Ausrüstung:** Badesachen, Kapuzenpulli & Konsorten, evtl. Wassersportgeräte.

**Wenn es Nacht wird:** Beste Lage, bester Gastgeber, bester Look, bester Preis: die Bretterbude (www.bretterbude.de) ist wie ein Heimspiel vom 1. FC St. Pauli plus Meerblick. Skate- und SUP-Boards können geliehen werden. Bullies sind ausdrücklich willkommen; Dusche usw. vorhanden.

# WÄLDER, DIE ANS WASSER WACHSEN

... Herbstglück in Glücksburg

## #51

*Die nördlichste Stadt Deutschlands liegt auf der Halbinsel Holnis in der Flensburger Förde und ist vielen durch das Wasserschloss bekannt. Mindestens ebenso wunderbar sind lange Wanderungen entlang der Küste oder in den ausgedehnten Mischwäldern. Am besten, wenn die Saison vorbei ist.*

Eine Spaziergang auf dem Fördesteig ist ein prima Einstieg für ein Glückswochenende in der nördlichsten Stadt Deutschlands. Er führt dicht am Wasser entlang und durch wunderbare Waldabschnitte.

3000 Menschen lernen jährlich in der Hanseatischen Jachtschule das Segeln.

Wenn Wolken über den Himmel jagen, Segler im Wind tanzen und die Sonne Glanzpunkte auf die dunkelblaue Förde setzt, wo es doch gerade noch geregnet hat, und endgültig der Herbst in Glücksburg eingezogen ist, bummeln nur noch wenige Spaziergänger auf dem Förde-Boulevard. Er verläuft hier parallel zum Fördesteig, einem vom NABU konzipierten Fernwanderweg. Neben vielen anderen Vorzügen verspricht er auf seinen 95 Kilometern entlang der Wasserkante auch die größte Chance, an der Ostsee Schweinswale zu sichten. Auf dem Teilstück zwischen Glücksburg und Flensburg sind allerdings eher Tümmler ein Thema.

Hinter der Hanseatischen Jachtschule, der größten und ältesten im Land, geht es über eine Holzbrücke ins Quellental. Das Wegzeichen weist hinauf in den Ruheforst Wille. Er beein-

druckt mit uralten Buchen, aufgrund ihres bizarren Wuchses auch Windflüchter genannt. Wenn die ersten Blätter fallen, ist einem der Wert des Waldes ja immer besonders bewusst. Das macht Glücksburg zum idealen Herbstziel. 600 Hektar Mischwald gehören zum Stadtgebiet, 24 Baumarten, viele von ihnen bis zu 200 Jahre alt.

Durch die Wälder ziehen sich viele Kilometer ausgewiesener Wander- und Reitwege. Die stehen dann morgen auf dem Programm. Im Tremmeruper Wald etwa lockt eine Rundwanderung am Roikier See, dem einzigen Waldsee Angelns. Im Friedeholz wartet der Dolmenpfad. Er berührt zehn Grabstätten aus Jungsteinzeit und Bronzezeit. Nur einen kurzen Abstecher entfernt wird im (kostenfreien) Waldmuseum die Bedeutung der Wälder anschaulich vermittelt. Ein Tag voller Waldeslust ist in Glücksburg also gar kein Problem.

Aber jetzt geht es erst einmal weiter auf dem Fördesteig zum Strand von Solitüde. Bei Badewetter heiß geliebt, atmet er im Herbst noch die Einsamkeit, nach der Baron Schack seinen Sommersitz einst benannte. Ab dem Sportboothafen Fahrensodde wird es nun immer städtischer. Flensburg ist geprägt von der Grenze zu Dänemark und der astreinen Lage an der Förde, die Flensburger selbst als »schönste Förde der Welt« bezeichnen. Der Fördesteig verlässt sie auf den letzten Kilometern einige Male, etwa um die imposante Ma-

rineschule von Mürwik zu umrunden oder den Volkspark von 1925 zu durchqueren. Nach insgesamt 10,5 Kilometern und zwei bis drei Stunden ist die Hafenspitze von Flensburg erreicht. Hier legt auch der Dampfer zurück nach Glücksburg ab. Aber zunächst ist natürlich die Altstadt dran.

**FAZIT: WALD, WASSER, EIN SCHLOSS, INSELN UND DÄNEMARK VORM BALKON. HERBSTLICHE SCHWERMUT HAT IN GLÜCKSBURG KEINE CHANCE.**

**Hin & Weg:** Mit dem Bus der Fördelinie vom ZOB Flensburg oder mit dem Dampfer.

**Beste Zeit:** Herbst.

**Dauer & Strecke:** 2–3 Tage.

**Ausrüstung:** Outfits für jedes Wetter und jede Stimmung.

**Wenn es Nacht wird:** Es muss nicht immer Kaviar sein, aber zu Beginn der dunklen Jahreszeit ist es klasse, sich etwas zu gönnen. Das Strandhotel, auch »Weißes Schloss am Meer« genannt, besticht durch skandinavisch luftig-leichtes Ambiente und freie Sicht auf die Ochseninseln (www.strandhotel-gluecksburg.de).

# DREI MUSCHELN FÜR MEERES-FREUNDE

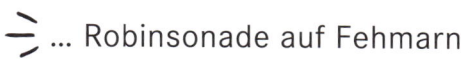

≥ ... Robinsonade auf Fehmarn ≤

**#52**

*An den deutschen Küsten liegen die luxuriösesten Urlaubsrefugien auf Inseln. Nur an der Ostseeküste von Schleswig-Holstein nicht; da liegt Fehmarn. Der Gegenentwurf zu den funkelnden Schwestern Rügen, Norderney oder Sylt ist in der Vorweihnachtszeit vor allem eines: authentisch norddeutsch.*

»Check-in erst ab 17 Uhr«, heißt es an der Rezeption des ifa-Ferienzentrums. »Das Gepäck können Sie gern deponieren.« Und ehe man sich's versieht, steht man wieder draußen in der Kälte. Stapft mit hochgezogenen Schultern durch die winterliche Einöde von Burgtiefe. Beinahe so platt wie Dithmarschen, braucht Fehmarn eigentlich Sonne, um zu wirken, braucht Vogelschwärme, üppige Vegetation und knallgelbe Rapsfelder. Zur Not ginge auch Schnee. Aber der fällt lediglich alle Jubeljahre. Meist krächzen im Dezember nur Krähen auf nackten braunen Feldern. Das erinnert an miese Sonntage, wenn Eltern einen erbarmungslos »nun aber mal ab nach draußen« jagten und behaupteten, das bisschen Regen wäre halb so schlimm. Bevor man sich aber fragen kann, warum man sich das überhaupt antut, ist Burg erreicht.

Die Inselhauptstadt wirkt zunächst abweisend. Doch dann ist es, als würde man sie betreten wie ein schützendes Gebäude. Die pittoresken Fassaden der Altstadt sind zur Weihnachtszeit festlich geschmückt. 100 beleuchtete Tannen säumen die Straßen. Vom Marktplatz duftet es nach Zimt und Bratwurst und gebrannten Mandeln. Spätestens wenn auf dem Weihnachtsmarkt ein Seemannchor Shantys schmettert, öffnet sich das Herz für die unkapriziöse Insel.

Auf dem Rückweg glaubt man sogar, den Ansatz Arne Jacobsens zu verstehen. Hielt man die drei Hochhäuser des dänischen Architekten bei Ankunft noch für Schandflecken auf dem schönsten Nehrungshaken Fehmarns, erkennt man jetzt, dass alle Fenster der Ostsee zugewandt sind. Das verspricht Sonnenaufgän-

Leere Strände, Molen, Brücken – im Winter ist auf Fehmarn richtig, wer Einsamkeit nicht scheut, sondern genießt.

ge für jeden. Unendlichen Meerblick für alle. Der noch original erhaltene Teil des einst zugehörigen Meerwasserbades grenzt sich krass von der Landschaft ab. Aalt man im warmen Inneren auf einer Liege, fühlt man sich in die Dünen eingebunden. Sie haben eben schon immer ein Händchen für gutes Design gehabt, die Dänen. Und ein Faible für Fehmarn.

Das lässt sich in Puttgarden erleben, wo die Fähre nach Rødby ablegt. Die Autos auf dem Parkplatz tragen dänische, schwedische und sogar norwegische Kennzeichen. Die Skandinavier zieht es in den Bordershop, eine Art Alkohol-Ikea auf einem Schiff. Vier Stockwerke hoch, fussballfeldgroß. Es ist erstaunlich, wie viele Getränkepaletten in einen Einkaufwagen passen.

Mehr interessiert die Mole, auf der sich weit in den Fehmarnbelt hinausspazieren lässt. Die Fähren kreuzen im Halbstundentakt zur Insel Lolland. Wer mag, schippert für sechs Euro eine Runde mit und probiert Glögg, das skandinavische Pendant zum Glühwein. Aber das geschieht auf eigene Gefahr.

Was man sonst noch unternehmen kann? Endlos spazieren. Ohne jemandem zu begegnen. Gegen den Wind kämpfen. Der Natur zuhören. Besonders dem Meer. Sich wieder erinnern, worum es bei Weihnachten eigentlich geht. Jeden Sonnenstrahl als Geschenk empfinden. Und hoffentlich in einen Regen geraten. Denn wer erschöpft, verfroren und durchgeweicht eine warme Gaststube erreicht, fühlt sich wieder wie damals, als Kind, als man sich noch völlig ungehemmt auf sein Abendbrot stürzte.

**FAZIT: IM SOMMER HÖCHST BELIEBT, IST FEHMARN IM WINTER EIN RÜCKZUGSORT. NOCH HAT DIE INSEL SICH KEINER MODE GEBEUGT. WER KOMMERZ UND ÜBERFLUSS AUS DEM WEG GEHEN MÖCHTE, IST HIER IN DER WEIHNACHTSZEIT RICHTIG.**

**Hin & Weg:** Eine Anreise mit dem Zug wäre möglich (Bahnhof Burg), mit dem Auto ist's ehrlich gesagt besser.

**Beste Zeit:** Die Burger Weihnachtswochen von Ende November bis Ende Dezember.

**Dauer:** 3 Tage.

**Ausrüstung:** Warme Klamotten; aber auch auf Sonne sollte man vorbereitet sein. Ja, auch im Dezember.

**Wenn es Nacht wird:** Wer's richtig schön mag, übernachtet im Strandhotel Bene (www.bene-fehmarn.de). Wer mit Schlichtheit klarkommt, fragt nach einem Appartement im 14. OG der Fernblickhäuser im ifa-Ferienzentrum (www.ifa-fehmarn-hotel.com). Der Ausblick ist irre.

# SONST NOCH WICHTIG

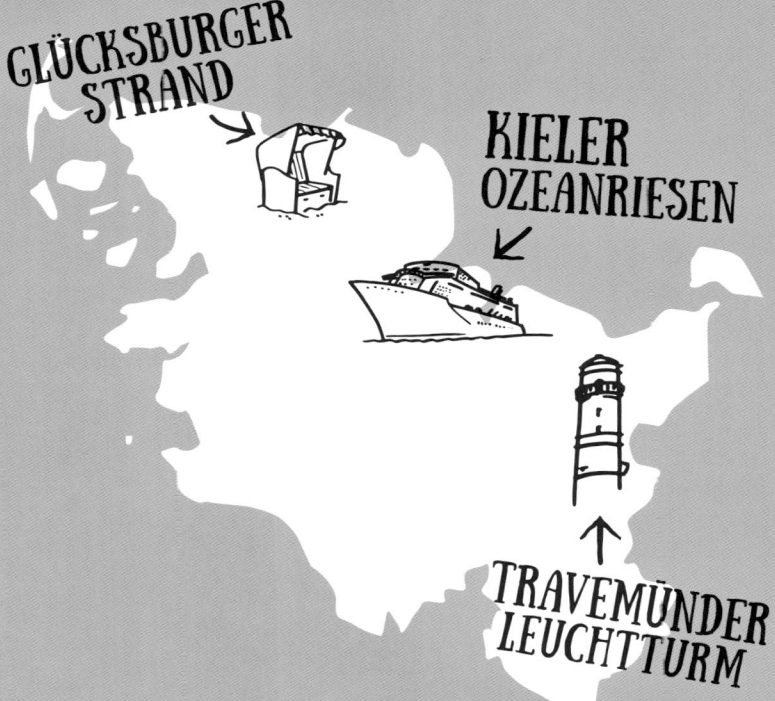

GLÜCKSBURGER STRAND

KIELER OZEANRIESEN

TRAVEMÜNDER LEUCHTTURM

## Ein- und Überblick

*Karten für den schnellen Überblick, praktische Tipps sowie mehr über die Autorin und ihre liebsten Empfehlungen gibt es auf den folgenden Seiten.*

## Tourenverlauf

GPX-Daten zum
kostenlosen Download
www.dumontreise.de/
eskapaden/schleswigholstein-
ostsee

short.travel/m1ta3

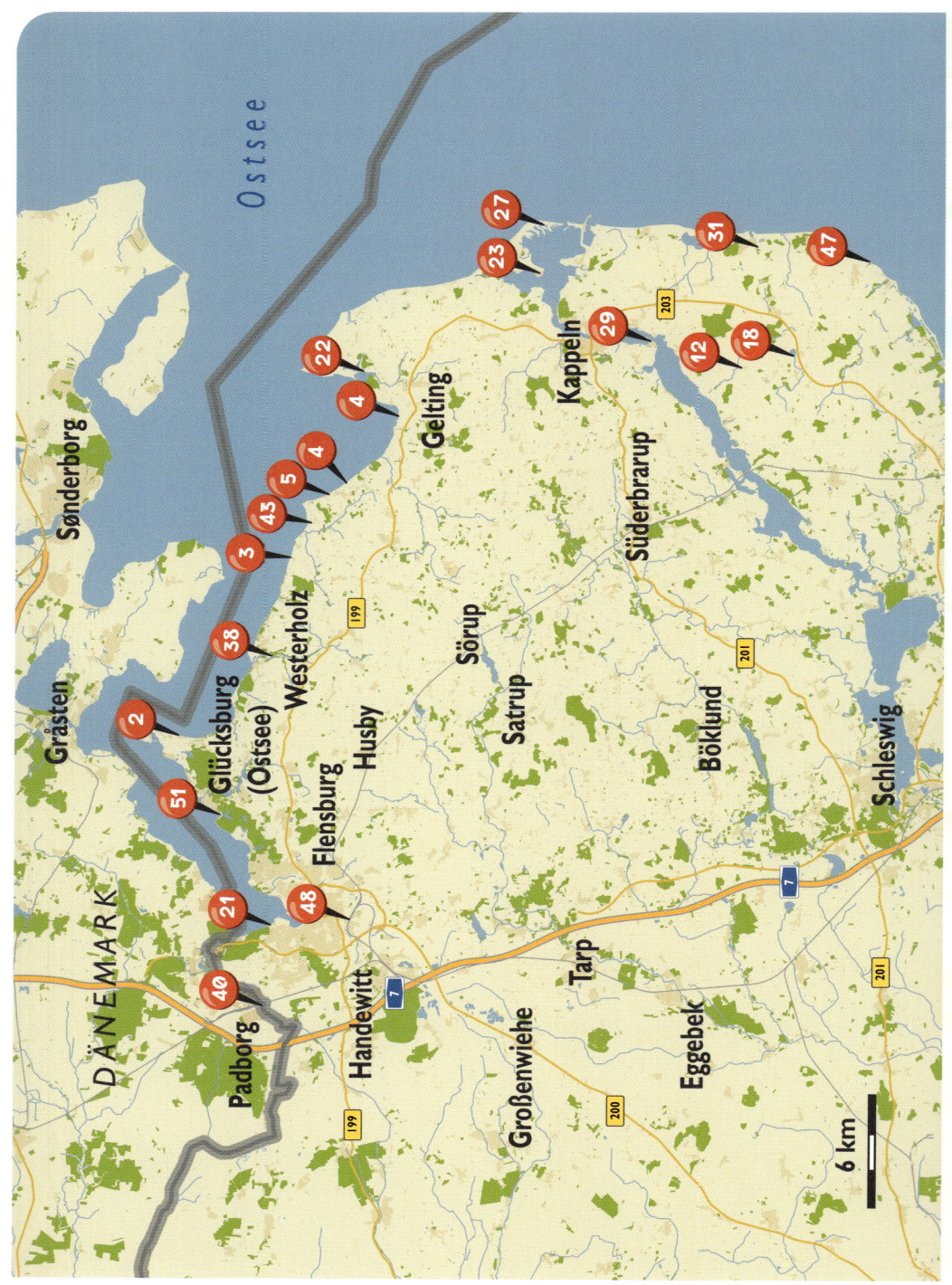

## Weiterlesen

Gut gegen Funklöcher: die Kompass-Wander-karte Ostseeküste (von Lübeck bis Dänemark) hilft, beim Wandern und Radfahren zwischen Lübeck und Flensburg auf dem richtigen Weg zu bleiben. Feinschmecker lieben das Magazin Mohltied!, das sich ganz der Küche Schleswig-Holsteins verschrieben hat.

## Geschmacks-sachen

In der Kappler Hafenheimat ist der Name Programm. Bei Tappas, exzellenten Fischge-richten und mit Blick auf die Schlei werden Gäste liebevoll locker umsorgt, als gehörten sie zur Familie. (# 48) Eine fei-ne Adresse für Beach & Bur-ger ist das Restaurant Strand-schuppen an der Seebrücke von Heiligenhafen. (#8)

## Ohne Auto

Und nun zum Wermutstrop-fen: Einige Eskapaden sind hoch oben im Norden ohne Auto schwierig; manche gar unmöglich. Wer dennoch möglichst oft den PKW ste-hen lässt - sich etwa ein Rad mietet oder wandert - wird reich belohnt. Denn dann entdeckt man sie: die Strän-de ohne Zufahrtsstraßen, die unberührten Ecken und geheimen Winkel. Ist ein Ziel an die Bahn angeschlossen, lohnt das Länder-Ticket – das eigene Rad darf auf fast allen Strecken mit auf die Partie.

## GUT ZU WISSEN ...

## Sicherheit & Notfälle

Zentrale europäische Notruf-nummer ist die 112 - gebüh-renfrei aus allen Netzen, auch mobil, erreichbar. Feuerwehr und Rettungsdienste werden so alarmiert.

## Vor Ort im Netz

Auf www.glueckskuestenschnack.de bloggt die Tourismus-Agentur Schleswig-Holstein von 365 Glückstagen pro Jahr. Das Online-Magazin www.weites.land entsteht in Flensburg. Findet man einen Ausflugsort im nördlichsten Bun-desland nicht hier, gibt's ihn vermutlich nicht.

# NOCH MEHR ESKAPADEN ...

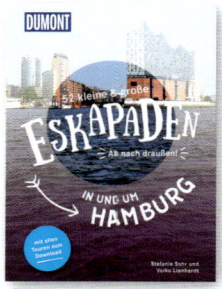

ISBN 978-3-7701-8071-4

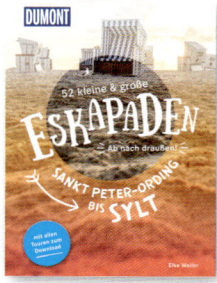

ISBN 978-3-7701-8076-9

ISBN 973-3-7701-8080-6

# IMPRESSUM

**Konzeption** Monique Sorban

**Projektmanagement** Svenja Heinle, Stefanie Lipke, Monique Sorban, Andrea Wurth

**Text** Stefanie Sohr, Hamburg

**Fotos** Volko Lienhardt, Hamburg, www.volkolienhardt.com; mit folgenden Ausnahmen: S. 164 u., 210 (Tom Frey)

**Cover-/Buchgestaltung und Illustrationen** Carolin Weidemann, Köln, www.weidemann-design.com

**Lektorat & Produktion** Verlagsbüro Wais & Partner, Stuttgart (Melanie Kattanek, Beate König, Julia Rietsch, Kai Wieland); www.wais-und-partner.de

**Kartografie** © MAIRDUMONT, Ostfildern, unter Verwendung von Kartendaten von OpenStreetMap, Lizenz CC-BY-SA 2.0

**Herstellung** Ramona Lamparth

Printed in Poland

1. Auflage 2018
© DuMont Reiseverlag, Ostfildern
ISBN 978-3-7701-8086-8

www.dumontreise.de

# STEFANIE SOHR

# VOLKO LIENHARDT

## ... über die Autoren

Na, nun aber mal ab nach draußen?! Kaum ein Satz konnte Stefanie in ihrer Kindheit mehr entrüsten als dieser. Aber irgendwann erwischt sie einen ja doch, die Faszination windzerzauster, stiller Landstriche und die unbändige Freude, wenn die Sonne dann doch mal einen Strand in Goldlicht taucht. Aufgewachsen an der Schlei, in der Holsteinischen Schweiz und Hamburg, holt Stefanie heute begeistert nach, was sie als Kind rundheraus ablehnte.

Auf www.indernaehebleiben.de bloggt sie über Urlaubsgefühle in Hamburg, die Große Freiheit von Norddeutschland und Besuche bei nordischen Nachbarn.

Volko sitzt im Kanu am liebsten hinten, auf Fähren immer an Deck und am Millerntor muss es selbstverständlich ein Stehplatz sein. Nach einigen Wanderjahren und Umwegen über London, Prag und Tokio hat er seine Heimat in Hamburg gefunden. Von hier erreicht er fast alle Lieblingsplätze mit dem Rad. Dass der Himmel über St. Pauli oft aus Grautönen besteht, ist für den Fotografen kein Wermutstropfen. Ganz im Gegenteil. Es war gerade das Licht, das Volko aus dem Schwarzwald in den Norden lockte. Die Weite der Landschaft. Und die Offenheit. Auf www.indernaehebleiben.de zeigt er, wie er den Norden sieht.

### ... für Bangbüxen

Eskapade #7: Ein Sommer ohne Ostseebad ist wie ein Frühling ohne Mai. Wer sich absolut nicht überwinden kann, in die kühlen Fluten zu springen, wendet den guten, alten Beachball-Trick an.

### ... für Schönwetterfans

Eskapade #17: Dass es kein schlechtes Wetter gibt, ist zwar auch nicht gerade die Wahrheit, aber die Sache mit den Klamotten stimmt schon. Also: gleich beim nächsten Schietwetter dick einmummeln und ab zum Lifetest beim Bülker Leuchtturm.

# 5 BESONDERE EMPFEHLUNGEN ...

### ... für Langschläfer

Eskapade #25: Der Sonnenaufgang an der Ostsee ist eine ganz besondere Erfahrung. Es lohnt sich maximal, den Wecker 2–4 Stunden vorzustellen. Es muss ja nicht jeden Tag sein.

### ... für Wiederholungstäter

Eskapade #44: Nichts gegen den Lieblingsplatz am Lieblingsstrand. An heißen Wochenenden in der Hochsaison jedoch ist die herrliche Holsteinische Schweiz eine entspannte Alternative zu überfüllten Urlaubsorten am Meer.

### ... für Luxusgeschöpfe

Eskapade #46: Wenn im August die Perseiden als Sternschnuppenregen in die Ostsee fallen, kann kein Palast schöner sein als ein kleines Zelt auf dem Dänischen Wohld.